フランス人は
バカンスを
我慢しない

仕事も人間関係もうまくいく、
知的エゴイズムのすすめ

CCCメディアハウス

L'individualisme à la façon française

知的エゴイズムのすすめ

まえがき

着眼点を変えれば、物の見方は変わる

私は現在、旅行会社に勤務しながら、フランス語と英語の通訳案内士の仕事をしています。文化（生花、茶道、能楽）体験をはじめ、庭園、食（特に和食。醤油や酢の醸造元訪問など）の分野にテーマを絞ったツアーにも携わっています。

また、通訳、翻訳者として、クラシック音楽関連のテレビ番組でのインタビューや、食関連の仕事（星付きシェフやパティシエの講演会など）にも従事しています。最近は、海外向けのウェブ・マガジンで、念願だった日本の文化を英語で紹介する記事も書くようになりました。

実は、こうした仕事はすべて、私が50代になってから確立したものです。それまでの20～40代は、企業勤めや、フラワー・アレンジメントの仕事、英会話学校の講師など、いろいろな仕事をして、悩んだり試行錯誤を繰り返したりした末にようやく、自分という個性を発揮するために自分自身で作り上げたものだと自負しています。そして、そこに至るまでに見つけていった「**自分が輝くためのヒント**」というのは、すべてフランス人から教えてもらったことだと思っています。それが、本書を書くきっかけになりました。

私は子供の頃から身体が弱く、高校時代までそれがさまざまな形で続いたために学校に行けない時期があり、「登校拒否」のレッテルを貼られたりしました。そのせいか、群れの中に入るのが大の苦手。大学時代も一匹オオカミで過ごしていたように思います。卒業後は、工業機器メーカーに入って英文ニュースレター作りを担当したり、人材派遣で大手商社の入札図書の作成などの仕事をしたりしていましたが、組織の歯車として働くことに疑問を感じると同時に、いまひとつ自分の個性が見いだせない、やりたいことがわからない状態が続いていたのです。

そんな時に機会を得たのが、3年間のフランスとドイツへの留学でした。私はもう、30代に入っていました。不安でいっぱいの旅立ちでしたが、留学生活を満喫しました。特に、フランス語が下手な私でも偏見なく受け入れてくれたフランスという国とそこに暮らす人々と出会い、私はとてつもない開放感を覚えました。初めて私という個性を受け入れてもらえたように思えたのです。

とりわけ、私が影響を受けたのが2人の女性でした。2人に共通するのは、勝手気ままに見えるけれど、海よりも広い心で接してくれて、メンタルが強く、逆境の中でも前を向いて生きていること。とても頼もしい女性たちでした。

まず、パリに住むエヴィリンは、私より10歳も年下なのに、お姉さんのような存在。出産後に離婚したのにもかかわらず、弱音を一切はかずに乗り越え、起業、家の新築、新しいパートナーとの間に女の子を出産と、何も諦めず、よりよい人生を実現するために、ひたすら前を見ていました。

もうひとりは、ディジョンに住むアレット。私はフラワー・アレンジメントを長年教えていた母の影響で、草花と向き合うことをライフワークとしてきました。アレットは、私の花の師です。彼女には、文化、歴史、自然、季節や月日の流れなど、花を通して自分と新たに向き合うきっかけを教えてもらいました。ディジョンで一番有名な花屋を経営していた彼女ですが、いまは引退し、ご主人との生活を楽しんでいます。70代で発症した脳梗塞からも今ではすっかり元気に立ち直り、みんなに頼られる存在です。

そんな彼女たちをはじめ、私が、留学生活と、その後毎年続けている1ヶ月の滞在を通して出会った人々に共通していたのが、フランス流の「知的エゴイズム」の生き方でした。その中でも特に「寛容さ」が大事であることが、強く心に残りました。各章で触れていきますが、人生を豊かにする「知的エゴイズム」な考え方を実践する彼らに触れていく中で、私は、自分がいったいどういう人間で、何が好きで何をしたいのか、見直すことができ、多くのヒントをもらうことができたと思っています。日本ではいつも迷路の中にいるような感覚だったのが、「自分は自由で、自分らしく、楽しく生きる道がある」とクリアに信じることができ、自分を解放できたのです。そこから先は、自分自身の可能性やビジョンが見えてきて、キャリア作りにつながりました。それが、本書を書くベースになっています。

みなさんもご存知のように、私が愛するフランスは、いま、難しい局面を迎えています。しかし、私の心の中にあるのは、強く毅然として、しかも人間を愛し、寛容なフランスの姿です。

私の若い頃のような悩みや迷いを抱えた方は、大勢いらっしゃると思います。でも、世の中は、刻々と変わっていきます。日本でも、やっと「個性を生かせる時代」、いいえ、「個性を生かさなくてはいけない時代」が到来しています。そんな今だからこそ、思い切って、自分の考え方や考えるベクトルを少し変えてみてはどうでしょう。今の小さな一歩が、10年後には大きな変化を遂げているはず。それは、私自身が体験したことです。

特に今、30〜40代の方々は、この変動する世界の中で、周りのいろいろな環境に左右されざるを得ないこともたくさんあると思います。とりわけ、子育てをなさっている方は、人一倍の悩みや困難と、日々戦っていらっしゃることでしょう。でも、だからこそ、自分の「こころざし」を見つけてください。結局のところ、自分にしか、自分のことは見つけられません。自分を輝かせる方法も自分にしか探せないのです。

その第一歩は、自分を解放すること。そのためには、まず自分を好きになって、大切に思ってあげることです。どんな小さなことでもいいのです。今日から、自分の「好き」をひとつ見つけることを始めてみませんか?

歌にもあるように、「ナンバー・ワンでなくても、オンリー・ワン」。本書が、あなたがあなたらしく楽しい人生を送るために、何らかのお役にたてれば、とても嬉しく思います。

フランス人はバカンスを我慢しない

仕事も人間関係もうまくいく、知的エゴイズムのすすめ

もくじ

Chapitre 1

Chapitre 2

気持ちの余裕が100倍になる「知的エゴイズム」仕事の流儀

Chapitre 3

Chapitre 4

「知的エゴイズム」の
ベースは個人主義

知的エゴイズムを学ぶと、人生の楽しみ方がわかります

Chapitre 1

海よりも広いものがある。それは空だ。
空よりも広いものがある。それは人の心だ。

Il y a un spectacle plus grand que la mer, c'est le ciel;
il y a un spectacle plus grand que le ciel, c'est l'intérieur de l'âme.

—— *Victor Hugo*
ヴィクトル・ユーゴー（1802–1885　詩人・小説家）

フランス流スーパー・クールな生き方を知的エゴイズムと名付けました

私は、フランス人の「知的エゴイズム」的な生き方にとても影響を受けました。この生き方こそ、今の日本人、特に30〜40代の女性にピッタリだと思っています。実はこの「知的エゴイズム」という言葉、私の造語なのです。

「エゴイズム」と聞いて、皆さんはどんなイメージを持たれるでしょう？「わがまま」とか、「自己チュー」とか、ネガティブなイメージを持たれるのではないでしょうか。それが普通ですよね。「滅私奉公」という言葉があるように、自我を抑えて、世のため人のために尽くすことこそ正道と教え込まれてきた私たち日本人からすれば、それは当然のことです。

もちろん、フランスでも、「エゴイズム」は必ずしもポジティブには捉えられません。「利己主義」、「自分勝手」など、否定的に受け止められがちです。それなのに、なぜ、あえてここで使うのかというと、それは、哲学的には「エゴ」の意識から自己解放の思想が出発していると考えられているから。この自己解放こそが、私が描く「知的エゴイズム」の原点だからなのです。

そして、それを支えるのが、**個人主義**です。でも、単なる「わがまま」や、他者への尊重や思いやりを欠いた「利己主義」とは違います。むしろ、「自己主義」です。

では、なぜ、どんなふうに、単なる「利己主義」とは異なるのでしょう。それは、「知的エゴイズム」を支える個人主義には、次の**5つの要素**がなくてはならないからなのです。

1 寛容であること――自由を尊重し、相手の〝個〟も受け入れる心の大きさ。
2 専門分野の開拓――自分の得意なことを追求し、学ぶ努力をする。
3 二極の目を持つ――感性だけでなく、合理性の目からもバランスよく判断する。
4 喜びを持つ――常に目的意識を持ち、楽しむ心を忘れない。
5 相手と分かち合う――会話力やディベート力を磨く。

いかがですか？　まったく「自己チュー」でも「単なるワガママ」でもないでしょう？　つまりは、自分の心を解放して、自分の考えや意見、生き方をしっかり持ち、研鑽に励む。そして、人の意見に左右されず、物事を自分で判断して決める。また、自分の意見を他者に伝える努力をして分かち合い、同時に、他者の個性も尊重する、という生き方です。いたって健全で合理的な考え方だと思いませんか？　言い換えれば、スーパー・クールな自己主義と言ってもいいかもしれません。それが、エゴイズムのアタマに「知的」とつけた理由でもあります。

とりわけ、私は、「**寛容さ**」というのが大切だと思っています。誰だって、単なるワガママ女や自己チューと付き合いたくはありません。そもそも、仲良くは付き合えないですよね。でも、「寛容な心」を持って相手を受け入れ、「教養や生活の楽しみ」を身につけたうえで、自己主義を実践している人、つまりは大人で心に余裕のある女性となら、一緒に仕事をしたいし、仲良くもなりたい。何より、あなた自身が、人生を100倍楽しく過ごせるはずです。

ちなみに、フランス語に「シヴィリゼ（*civilisé*）」、英語では「シヴィライズド（*civilized*）」という言葉があります。「文明が発達した」という意味ですが、誤解を恐れずにあえて言うなら、私は世界の中でフランスと日本が最もシヴィリゼした国だと思っています。それは、国民が自国の文化を重んじ、精神性や哲学にも造詣が深いからです。

ただ、この深い文化レベルに達する過程は、両国で異なります。フランスは「個」を尊重するのに対し、日本は「和」を尊ぶのです。この違いがまさに一般的に認識される両国の文化の違いでもあるわけですが、私はこの違いにこそ、日本の、特に30～40代の方が、今後自分らしい生き方を見つけていく鍵があると着目しています。**知的エゴイズムは、自分の現在地を把握し、将来へとつなげていくパスポート**です。

知的エゴイズムを実践する人々を紹介しましょう

では、フランスで「知的エゴイズム」を実践する人たち「知的エゴイスト」とは、具体的にはどんな人たちなのでしょうか。

彼らは、決して大富豪や生まれながらの超エリートではありません。「ミリュー・アンテレクチュエル（*milieu intellectuel*）＝知識人階級」と呼ばれる人たちで、具体的には、医者や弁護士、大学の先生など専門職に従事する人たち。ただし、高学歴者＝知識人階級ではなくて、私が本書で示しているのは「**プロフェッション・リベラル（*profession libérale*）**」と分類される職業についている人たちです。医師や弁護士、大学教授だけでなく、建築家、料理人、会社重役（カードル＝*cadre*）、中小企業の経営者など、さまざまな**分野**で、**自由独立**した**専門知識を持ち**、**活躍**されている「**アクティ**

ヴィテ・アンテレクチュエル・アンデポンドント」(***activité intellectuelle indépendante***)の人たちです。

ちなみに、「フランス人の憧れの職業ベスト10」という調査(職業訓練関連雑誌『Orientations』の調査・2014年)によると、

1位：写真家
2位：建築家
3位：料理人
4位：獣医
5位：医師
6位：外科医
7位：インテリア・デザイナー

8位：旅行プランナー
9位：ジャーナリスト
10位：スタイリスト

という、とてもフランスらしい結果が出ていますが、こうした人気職業に携わる人たちもまた、知的エゴイストです。より専門的な知識を持って仕事に従事し、残業制限もなく、フル活動。自ら選び取った自分らしい仕事＝専門職で勝負していることこそ、自分の個性を伸ばす働き方、暮らし方です。そういう生き方ができている点で、知的エゴイストなのです。

私は、留学と、その後は毎年ひと月の滞在期間を通して、「知的エゴイズム」を実践して活躍していた人たちに寛容に受け入れてもらい、生き方や人生観などに大いに刺激を受けました。私が私らしく生きる道へと誘ってもらったと言えるでしょう。具体的に言えば、1990~2010年の、ある意味、フランスの今よりはいい時代に、現役で仕事をしていた人たちです。

本書を書くにあたり、私はそうした人たちに再度話を聞きました。その内容が、本書のベースになっています。ここで、どんな人たちなのか、まずはご紹介しましょう。プロフェッション・リベラルの仕事に従事し、かつ日仏について理解の深い人たちです(フランス人だけでなく、日本人、スウェーデン人も含む/名前は仮名)。

1 ジョン・ポール(75歳)
フランス大手銀行のパリ郊外(大きな問屋が立ち並ぶ地域)にある支店でディレクター(部長)として勤務していた。仕事の中には、某有名テーマパークとの取引も含まれる。現在は、退職し、ノルマンディー地方の海沿いの家で奥様と二人暮らし。

2 クロード(65歳)

麻酔科医として、スイスとの国境に近いアニマスというスイス人も多く住む地域の病院に勤務していたが、昨年、引退。現在は、シャモニーやアヌシーに近い、山々が見える絶景の家に住む。

3 シャルロット（60歳）
クロードの再婚相手。軍隊付きの看護師。山歩きが趣味で、草月流の生花を学んでいる。

4 ミシェル（58歳）
大手建築会社に勤めるエンジニア（部長クラス）で、パリ在住。有名建築家とともに、大きな建築コンペに参加し、プロジェクトを立ち上げていく要職に就いている。週末は、車で3時間の郊外にあるセカンドハウスで過ごす。

5 クリスティンヌ（48歳）
芸術家。京都に住んだ経験を持つ。現在はパリ在住。日本人向けのガイドやワインの講師も務めている。休暇は南仏に持つ家で過ごす。

6 ひとみ（57歳）

リモージュ焼の高級食器会社本店に勤務し、VIPを担当。パリ在住30年余りになる。夫はフランス人。

7　アレット（80歳）

ディジョンで有名なフローリストとして活躍していた。ドイツ首相とフランス大統領のディジョン対談の時の、室内の花を担当。ディジョン郊外のプール付き大邸宅に住んでいたが、現在は引っ越して、近郊に住む。生け花は小原流師範。

8　ギー（82歳）

アレットの夫。乳製品製造会社で、工場機器を考案する仕事を担当していた。退職後は、アレットが50歳から始めた花屋「コキシネール」の花の運搬などを手伝いながら、ディジョン郊外にプール付きの大邸宅を、内装も含め、自分で建てた。

9　ダニエル（48歳）

アルザス在住。不動産関連の会社で役付きの仕事をしている。上司と折が合わず、うつ病になったことも。バカロレアを優秀な成績で終えた息子は、大学で数学教師を目指している。最近、再婚し、新築の家を購入。週末は、パートナーがもともと住んでいた家で過ごす。

10
エヴィリン（42歳）
企業向けに企画する旅行会社を経営。15歳の息子のほかに、2年前に新しいパートナーとの間に娘が誕生。子育てと仕事を両立している。アウトバウンドの仕事をしていたが、子供が小さいため、中国人やブラジル人をパリに迎えるインバウンドの仕事に移行。経験を積んだノウハウを武器に、従業員を雇わず、一人で会社を切り盛りしている。

11
ポール（45歳）
工場用機器を製造・販売する中規模の会社を経営。プール付き大邸宅にパートナーと犬と一緒に住む。両親は戦後復興のためひたすら働いてきた世代なので、自分たちの世代は、より人生を楽しむ道を好むようになったと話す。

12
パトリック（65歳）
スウェーデン人だが、フランス在住35年になる。ハーバード大卒。金融関係で働いていたが、現在は引退して、小説を執筆。冬はパリ、夏は南仏カンヌ近郊で、優雅に暮らしている。

13
マドレンヌ（60歳）
パトリックの妻で同じくスウェーデン人。ニューヨーク在住の頃から茶道を趣味とし、茶名も持つ。カンヌ近郊に持つサマーハウス近くのゴルフコースの会員で、ハンディは男性並みの腕前。

14
ギオーム（75歳）
ディジョンにある柔道・合気道道場を経営する黒帯の先生で、多くの生徒を持つ。子供たちにも教えている。

15
アン（73歳）
ギオームの妻。元小学校教師。現在は、バレリーナである娘のために、孫の世話をしている。教育熱心。

16
ピーター（79歳）
スイスのバーゼルで会社を経営していたが、現在は引退し、アルザス地方の小さな田舎に暮らす。新しもの好き。DVDもインターネットもグーグルも、まだ日本で普及していなかった頃に、この小さな村で私に教えてくれた。

17
アメリ（76歳）
ピーターの妻。敬虔なカトリック。キリスト教、文学、歴史、哲学など、すべて本から独学。歩く生き字引のような存在。

18
シャルロット（38歳）
弁護士の娘で、語学学校で秘書をしていたが、結婚後、退職。サルコジ元フランス大統領がその以前に市長をしていた高級住宅地ヌイイにパリ16区から移り住む。現在は3児の母。両親も妹家族も同じ地域に住む。教育熱心。家事はお手伝いさんを雇っているが、子育てや家族の世話は彼女が取り仕切る。

19
ロロンス（80歳）
某ヨーグルト製造会社創業者の娘。夫は開業医。サッシュファムという出産前後の妊婦のアドバイザーの仕事をしていた。ホメオパシーの資格を持ち、アフリカの国々でサッシュファムの教育やホメオパシーの普及に貢献。現在は引退し、モンサンミッシェル近くの別荘地で暮らす。

20 ジェレミ（28歳）

京都在住。筆者が勤務する旅行会社の同僚。VIP向けの旅行のプランナーを務め、得意分野は神道と能楽の歴史。

みなさん、それぞれが、自分の好きなこと、得意なことを職業や趣味にして、人生を楽しみ、引退後も心豊かに暮らしていらっしゃいます。

今こそ、日本で働く女性たちに知的エゴイズムが必要です

時代は刻々と変化しています。私の留学時代にはなかったパソコンやスマートフォンが普及し、生活に必要不可欠なものになっています。携帯電話すらなかった頃なんて、いったいどうしていたのだろうと、逆に想像できなくなってしまうほどの浸透ぶりです。社会には情報がボーダレスに行き交い、世界中どこにいても自由に情報を入手できるようになった一方で、それによる問題も起きています。

フランスでは、ミッテラン大統領時代（1981〜1995年）の寛大な移民政策が貧富の差を生み出したと言われています。貧しく若い移民の〝憎しみ〟を利用して、宗教を背景としたテロを起こす集団が現れていますが、その組織作りにインターネットが巧みに使われています。その結果、いま、フランス社会が重大な局面を迎え

ていることは、このところの報道で、みなさんご存知の通りです。移民排除の考え方が強くなって極右政党が注目を集め、「自由」、「平等」、「博愛」の国フランスは、難しい舵取りを迫られています。

日本はどうでしょうか。

このところ、30代後半の人たち、いわゆる〝団塊の世代〟の子供にあたる世代と話をする機会が増えてきました。バブル時代が記憶にない、就職氷河期を体験した世代です。会社は倒産するし、リストラもある。

終身雇用神話は崩れ去り、正社員として一生続けられる仕事に就けない人が増えて、会社への忠誠心も失われつつあります。就職しても、ある程度の技術を身につけると、独立して起業する人も増えてきました。

会社の経営方法や働き方も変わってきています。2015年、『Facebook』創始者のマーク・ザッカーバーグ氏が、生まれてくる娘のために2ヶ月間育児休暇をとるということが話題になりました。日本の男性は、まだそこまではいかないまでも、コンサルティング関連の仕事に携わる私の知人Tさん（30代）は、育児休暇をとり、子供が3歳になるまで仕事をセーブすることによって、奥様が仕事を続けることが可能になりました。男性の理解や協力で、女性もキャリア、結婚、子供のいずれも諦めなくていい道が開けてきているのです。

また、広告宣伝の会社を経営している知人のHさん（30代）は、携帯とLINEでどこにいても会議をします。タイムカードも、アルバイト・スタッフ向けに儀式的にあるだけで、ほとんど使わないそうです。「それぞれが、必要な仕事を必要な時間にこなしていく」という、フレックスタイムよりもっと拘束時間の概念をゆるめた働き方＝個々がより合理的な仕事を実践できる環境が整いつつあるのです。

そんな、「**会社**」や「**働き方**」の**姿が変わりつつある今**だからこそ、**日本で知的エゴイズムの生き方を実践するにはグッド・タイミング**だと、私は思うのです。会社が一生の拠り所とならない不確実な時代。特に30〜40代の、これから結婚を考えたり、あるいは現在子育て中であったりする世代は、今後、否応なく「独立」ということに向き合わなければならない時がやってくるかもしれません。そんな**30〜40代が専門的な知識を得て、独自の考えを持ち、人生を楽しむ方法も知っている生き方を実践すれば、今後10年間で、本当の意味での成功を掴む可能性が高まる**のではないでしょうか。何より、毎日の暮らしも仕事も人間関係も、今よりずっと楽しくなるはずだと思うのです。

話題の「クリエイティブ・クラス」も知的エゴイスト集団です

ＡＩ（人工知能）について、このところよく耳にします。将棋や囲碁の名人と対局するなど、人工知能はどんどん進化しています。先日、あるロボットに話しかけてみたところ、「えぇ？　なんと言いましたか？」と手を耳に当てる素振りでキョトンとした目で私を見ていたので、「あなたも、まだまだね」などと思ったのですが、どうやら高を括っていたようです。

友人によると、ＡＩが仕事を仕切ってやっていくようになると、いわゆる「ホワイトカラー」と言われる職種は、将来なくなるのだそうです。

人間の労働というのはどんどんなくなっていき、ロボットが会社を経営する時代がやってくるかもしれません。映画で観たようなすごい未来だとワクワクする一方で、ちょっと怖いなと思うのも、正直なところ。実際、スマートフォンの翻訳・通訳機能もどんどん発達していきますし、ＷｉＦｉがどこでも使えるようになれば、通訳ガイドも必要なくなるのだろうなと、何となく一抹の不安を感じている自分がいます。

進歩が早ければ、２０３０年代、つまりは東京オリンピックの10年後には、ホワイトカラーがなくなる時代が始まるかもしれないと言われています。今から40〜50年後には、ＡＩとロボットにより、日本人の90％の仕事が減ると言う人もいます。では、そういう世の中が到来した時に、どのような仕事の人なら生き延びていけるのでしょうか。機械もマネできないような精密な手仕事（＝技術）を習得している職人さんは、間違いなく生き残れるでしょう。

でも、他には？

そんなことを考えていたら、「クリエイティブ・クラス」という職業集団の存在に行き当たりました。これがまさに、「知的エゴイズム」と重なることが多いのです！

「クリエイティブ・クラス」とは、都市社会学の第一人者であるトロント大学のリチャード・フロリダ教授が提唱したもの。具体的な職種としては、アーティスト、建築家、科学者、大学教授、シンクタンクの研究者、高度な技術や金融などの専門分野に携わる起業家などが、やがて訪れる産業革命に匹敵する大変革の時代に、中心的な役割を果たすのだそう。

著書『クリエイティブ・クラスの世紀』（ダイヤモンド社・井口典夫訳）の中で、彼はこう言っています。

「本当に重要なのは、新しいアイデア、新しい技術、新しいビジネスモデル、新しい文化様式である。まったく新しい産業の創造は、本質的に人間の能力による。これこそクリエイティブ資本である。経済を成長させ繁栄させるために、あらゆる主体は、それが個人であれ企業であれ、都市であれ州であれ、そして国であれ、おしなべてクリエイティビティを育て強化し、移動させ、その能力に投資しなければならない」

彼の分析によると、クリエイティブ・クラスの中で、今後もっとも成長が期待される職種は、「専門的思考（クリエイティビティや専門的な問題解決力が必要な職業。新しい製品のデザイン、疾病診断、新鮮な材料を使った創作料理がこの分野に入る）」と、「複雑なコミュニケーション（デザインやイノベーションといった分野、フェイス・トゥ・フェイスで相手にモチベーションを与え管理するといった分野の、所得の高い職業）」の分野に限定されるそうです。

また、このクリエイティビティによって持続的な経済成長を目指すには、３つの

〝T〟が必要だと説いています。それは、**技術**（***Technology***＝**テクノロジー**）、**才能**（***Talent***＝**タレント**）、**寛容性**（***Tolerance***＝**トレランス**）です。

フランス流「知的エゴイズム」と、そのベースになる個人主義の中では、寛容さが大事だということは、前述した通りです。また、クリエイティビティを伸ばすこと、個を大事にする専門的思考や、複雑なコミュニケーションに対応できるディベート能力を養うことの大切さについては第3章で述べていきますが、**クリエイティブ・クラスに属するには、これほど知的エゴイズム的思考が必要不可欠**であることに、私自身、とても驚きました。

日本人は、新しい技術を創造するのにとても向いていて、手先も器用なので、クリエイティブ・クラスでは有能な国民だと言われています。

ただ、その主導権は、大企業や大きな組織が握っているのが現状。個性を生かせる時代が到来したのですから、もう少し、自分を信じて進んでいける人が増え、道が広がってきたら、ＡＩに勝るイノベーションを進化させることのできる国の代表になれるのではないでしょうか。

気持ちの余裕が100倍になる
「知的エゴイズム」仕事の流儀

知的エゴイズムはビジネスシーンにこそ生かしたいもの

Chapitre 2

リーダーとは、「希望を配る人」のことだ。

Un Chef est un marchand d'espoir.

—— *Napoléon Bonaparte*

ナポレオン・ボナパルト（1769－1821　フランス第一帝政の皇帝）

✱得意分野で勝負しましょう

自分の専門分野で勝負するシステムが、フランスにはあります。個人主義をうまく生かすには、専門分野に従事させるほうが個々の仕事の能力が高まるからです。仕事の中でも個人主義が大事にされ、個々の能力や専門性に応じて、仕事が任されます。仕事の範囲や内容が明確で、自分のペースで仕事ができるシステムになっているのです。映画やテレビでよく見かけますが、オフィスの中はそれぞれのプライベート・スペースのように仕切りがしてあり、デスクが独立しています。個室でそれぞれが自分の仕事を責任を持ってこなす、というスタンスですね。

確かに、自分が好きなこと、得意なことをやったほうが何と言っても楽しいですから、仕事がはかどります。その結果、組織の生産性もアップ！（これについては後の項で）しかし、これがなかなか日本では難しいところです。そもそも、やりたくないことや辛いことも含めての仕事だ、それが会社というものだ、という刷り込みがあるのではないでしょうか。もちろん、苦手なことをまったくしなくてもいい仕事など存在しないのかもしれません。でも、好きなこと、得意なことをメインに据えることができたら、自分らしさがもっと発揮できるのではないかと思います。

個々の能力や専門性が仕事のベースになっているせいか、フランス人は、職種にとてもこだわります。**企業名より、どんな仕事についていて、何のプロフェッショナルなのか、どんな特別な能力を持っているのか**ということを評価されるほうを望むのです。有名企業に勤めているかどうかは、二の次という感じです。

専門職にこだわる人が多いことは、教育システムにも反映されています。15歳から18歳までの中等教育後期がすでに、リセ（日本でいう高校）と職業・工業教育リセ

(専門学校)に分かれています。

職業・工業リセでは、2年間の就学で、国家試験を受ければ専門の職業資格が取得できるほか、企業と組んだ実習期間(スタージュ)も設けられています。職種も、料理人やパティシエ、フローリスト、建築、土木、電子技術、農業、ワイン生産、経理、秘書、ホテル業など多岐にわたっています。日本にも商業高校や工業高校などはありますが、その後は就職だけでなく、大学進学の道も残っているのに対し、フランスでは、15歳で入学する段階で、自分が何になりたいか、決めなくてはなりません。

一方、普通のリセを卒業して大学に進学する場合は、バカロレア(通称バック)という、高校卒業資格と大学入学資格を兼ねる全国共通国家試験(日本でいうところのセンター試験)を受けなければなりません。エリートの登竜門グランゼコール(これについては、後で説明します)に入学するためには、もちろん、このバカロレアの成績が重要です。

リセでは、2年目に国語（フランス語）を受け、3年目には、自然科学系、人文科学系、社会科学系と3つに分かれ、たくさんの教科の試験を受ける必要があります。注目すべきは、3年間の必須科目の中で（自然、人文、社会により違いはあるものの）、数学と哲学が重要な学科とされている点です。特に、数学ができないとエリートになれないと言われているほどで、それは、フランスの大企業の社長の約85％が、グランゼコール出身のエンジニアによって占められていることからもわかります。

職業・工業教育リセに入り、**専門職を選んだ人にも、超エリートになるチャンス**はあります。それは、その専門職のトップクラスになること。有名なところでは、フランス料理のシェフです。シェフのユニフォームの襟の部分が、国旗のようにトリコロールになっています。職人として一途にいい仕事をして評価され、頂点を極めると、たとえ大学やグランゼコールを出ていなくても、社会的に選ばれたメンバーの一人になるのです。「国家最優秀職人章（*Meilleur Ouvrier de France*＝*MOF*）」を授与され、エリート待遇になります。その数は、グランゼコール出身者同様、とても限られているのです。

余談になりますが、『アステリックス』という、ヨーロッパの子供たちに人気の歴史漫画の原作を書いたルネ・ゴシニという作家がいます。ご存知の方も多いのではないでしょうか。彼は、『プティ・ニコラ』という、フランスで50年も愛読されている小学生ニコラと愉快な仲間たちの冒険譚も出版しています。比較的平易なフランス語で、口語体も交えて書かれており、フランス語の表現法がいろいろ学べるので、フランス語を習得しようとしている人に私がオススメしている本でもあるのですが、小学校を舞台に、ニコラという少年の目線で書かれた、個性豊かな仲間たちが繰り出す楽しい出来事の数々。フランスの子供たちは、オンリー・ワンのお手本として、イマジネーション豊かなニコラ少年を自分と重ね、想像力を働かせようと夢中になって読むのです。この本にこそ、個人主義の原点があると、私は読むたびにつくづく感じてしまいます。

また、『フランス人とアメリカ人』（『*Français et Américains, L'autre rive*』 by Pascal Baudry）という、アメリカ人とフランス人の親子関係を対比した本があるのですが、著者によると、アメリカ人の子供は親の愛情を求めているのに対し、フランス人の子供は自由と独立を求めているのだそう。学費が高く、大学を出るまで親の金銭的サポートが当たり前のようになっているアメリカや日本と違い、フランスでは、一部グランゼコールを除き、大学の学費は無料です。そのため、奨学金制度を利用する場合もありますが、独立しやすい環境にあると言えます。さらに、子供の時から個人主義を叩き込まれているため、「早く独立したい」という子供の気持ちと、「早く独立してほしい」という親の気持ち＝**親離れ、子離れ**が、**いい意味でしっかりと確立**されています。フランス人は18歳で家族とは一緒に暮らさなくなり、一人暮らしを始めたり、友達やパートナーと一緒に暮らし始めるケースが多いのです。

もちろん、フランスの教育制度とて完璧ではありません。バカロレアも、レベルを大幅に下げたために、今やほとんどの受験者が合格できる試験になってしまったなど、様々な問題点があるようです。職業教育にしても、若い時に自分の専門を決めなくてはいけないことについては、賛否両論あります。そうした教育制度の詳細や問題点などについては本書では省きますが、得意分野を専門にすることで個を伸ばすという認識やシステムが、かなり早い段階から確立されているのは間違いありません。

自分の大学時代を振り返ってみてもそうですが、日本では、まず大学に入って、それから考えようという人がまだまだ多いと思います。「とりあえず、大学を出てから、何の仕事をするか決めよう」と、私自身も考えていました。今はだいぶ変わってきたとはいえ、私の時代は、大学名は重要でしたし、日本の女子としての常識的なルール（良い成績を取って、名のある、またはコネのある企業に就職し、2〜3年勤めたら寿退社）というものに縛られていたように思います。もし、大学時代に、あるいはもっと早い段階で、国家や行政、教育機関が推進するスタジェール制度（研修制度）のようなものがあったら、自分の道を見つけるきっかけになるのかもしれません。

アスリートは、小さい時から練習を始めています。ますます、低年齢化しているようにすら、思えます。すべてアスリートの例と同じというわけにはいきませんが、自分が好きなことを見つけて、早いうちから才能を伸ばす、という専門職の意識を高めることは、私自身はすばらしいことだと思っています。**自分は何をしたいのか、何ができるのかを見つけて専門職に就く。来るべきＡＩ時代にも生き延びるのは、そういう人たちなのではないでしょうか。**

✱フランス人は会議に無駄な時間をかけません

仕事といえば、会議。避けては通れないこの会議を、知的エゴイズム的にはどうこなせばいいのでしょう。

日本の会社では、決定権がまるで「弱肉強食的なピラミッド」のように何層にも分かれています。特に大企業の場合、上司の印鑑が3、4ケ所必要な場合もあります。慎重を期してなのでしょうが、物事が決まるのにとても時間がかかるシステムになっているのです。

そして、物事を決めるのは、たいがい会議の席上。小さな会議の後、半月後に大きな最終決定会議がある、という具合です。とにかく、何でも会議、会議。会議の重要性を否定するわけではありませんが、日本では、その回数が多すぎるように思います。まるで、とにかく集まること自体が会議の目的なのではないかと疑ってみたくなるほどです。

また、先日、ある会社にご挨拶に伺った際、横の会議室では20名ほどの男性が長方形のテーブルを囲んでいました。でも、そこに女性の姿はありませんでした。その会社の即戦力は、入社2、3年目の若い女性社員であるにもかかわらず、です。残念ながら、重要決定事項に女性の声は反映されないようでした。つい、テレビの某刑事ドラマで有名な台詞を思い出して、「事件は会議室で起きているんじゃない。現場で起きているんだ！」と、つっこみたくなってしまったほどです。

典型的な日本企業を風刺した本があります（『*Stupeur et tremblements*』*Amélie Nothomb*）。大学を卒業したばかりの何も知らないベルギー人女性が研修で日本企業に入社し、困惑する様子がフランス語で描かれた本で、『恐れ慄いて』というタイトルで日本語訳（アメリー・ノートン著・藤田真利子訳　作品社）も出ています。ベルギーの外交官の娘が実体験に基づいて書いたのですが、フランスでは50万部も売れたベストセラーになりました。

映画版も製作されたのですが、そちらのほうは、ヨーロッパ人がおもしろいと思う部分が誇張されすぎていて、正直なところ、日本人のビジネスマンを小馬鹿にした感じがあり、日本人が見たら気分を害するだろうなと思う内容になっていました。ただ、典型的な男性縦社会の日本で繰り広げられる会議の様子は、ヨーロッパ人にはそうとう珍しかったのでしょう。特に女性にとってはショッキングなことだったようです。というのも、フランスやベルギーの会社では、日本のように会議ですべてのことを決めないからです。

フランス人は、合理性と効率を求めます。ですから、無駄に会議はやりたくないと考えます。と言っても、会議をまったくやらないわけではありません。「レユニオン」といって、プレゼンテーションをしたり、ブレイン・ストーミングのようにアイディアを出しあい、最良のものにまとめたりするために会議を開くのです。仕事の生産性を阻害しかねないほど長時間を要する定例会議が目白押し、ということはなく、明確なテーマや目的を持って集まります。

彼らは、どんな風に会議を開き、どんな風に考えているのか、いくつか具体的な例をご紹介しましょう。

現役時代は、大手銀行でディレクター（部長）として勤務し、定年退職後の現在はノルマンディー地方での生活を楽しんでいるジョン・ポール（70代）は、会議について、こう語っています。

「会議というのは、情報を共有するために大事な場所。それによって、個々のやる気も起きるのです。出席者10人単位の会議が、週に合計2~3時間。幹部による全体会議は月に2、3回程度。銀行における決定権はとても明確で、私には5万ユーロ（約650万円）台までの決定権がありました。上司である頭取には、500万ユーロ（約6億5千万円）まで、さらに社長には2千万ユーロ（約26億円）までの権限が一任されていました。案件の総額で決定権が変わるというように、縦型のシステムをとっていたのです」

また、名峰モンブランで有名なシャモニー近くのオートサヴォア地方に住む元麻酔科医クロード（60代）は、

「同じ目的を持って効率よく働くために、会議は必要不可欠。もちろん、麻酔科医として患者の情報を共有しなければならない。手術中は、外科医、麻酔科医、看護師などがそれぞれ専門の役割を粛々とこなしながら、チームワークよく働かなければなら

ないからね。会議とは、そうして効率よく働くためのものだ」

と言い切ります。

また、パリの大きな建築会社に勤めるミシェル（50代）は、会議の非効率性について話してくれました。建築技師として、あらゆる有名な建築家たちと仕事をし、大きなプロジェクトやコンペなどに携わっている彼は、日本に比べると少ないと思われるフランスの会議時間でも、長いと感じているとのこと。さらに、会議での効率が落ちていると嘆くのです。

「時間通りに始まらない。準備がちゃんとされているわけでもない。一日のうちのいつやるか時間が決まっておらず、仕事が邪魔される場合がある。実施計画に対して、結論、決定事項があるわけでもない。いったい、何のためにやっているんだろう」

効率の悪い会議なら、やらないほうがマシと考えているようです。

旅行関係の仕事もしている芸術家のクリスティンヌ（40代）は、現在はパリに暮らしていますが、京都に長く住んだ経験があります。彼女は、ビジネスで日本に行った何人ものスタッフに、「どうして日本人はいつも会議をしているの？」と聞かれたそうです。よほど、日本の会議のシステムが珍しく思われたのでしょうね。

つまり、フランスと日本とでは、まず、会議の認識が違うことがわかります。あくまでも**情報を共有し、目的に向かって働く意欲を明確にするための場、いいアイディアを出すための場が会議**。物事を決定するためだけに話し合う場ではないのです。

日本ではどんな方法が考えられるでしょうか。もちろん、会社という組織の中で、明日から即、フランス流に会議を開こうと言っても、無理に決まっています。それこそ無駄です。しかし、もし、30～40代であれば、小さな会議を招集する機会もあるでしょう。そんな時には、それがスムーズに仕事をこなす上で意味があるか、情報共有やブレイン・ストーミングの場になっているか、効率よく会議を進行→終了できるかという点を、まず意識してみてはどうでしょう。

そして、もっと専門分野に分かれた会議を増やしていくのも、いいかもしれません。そこ以外での意思決定を減らしていけば、メンバーひとりひとりのモチベーションがあがり、効率も図れます。ただ、これは、個人というより、組織＝会社全体の意識改革が必要だと思いますが。

最近は、スマホやＳＮＳを仕事にもフル活用する人が増えてきて、ＬＩＮＥを利用したり、海外とスカイプで会議をしたりすることも多くなってきました。そもそも、一ケ所に人が集まって会議を開くということにこだわらなくてもよくなってきています。

何はともあれ、「知的エゴイズム」流会議は、ポジティブな方向性で。少なくとも**仕事の足かせにならないように、目的をはっきりさせ、効率化を図る工夫**をしていくことが、最も大切なのではないでしょうか。

❋ 個性を生かし最強のチームワークをつくる、真のリーダーの存在

フランス人は、グループ行動が苦手であることを自覚しています。「個性」が邪魔をするからです。自分が一番と思っているので、人と分かち合って仕事をすることは、特に苦手なのです。

けれど、そんな彼らでもチームワークがうまくいく場合があります。それは、専門職の集まり。**個々がそれぞれ違う仕事について**、でも、**目指すゴールは同一の場合**です。たとえば、サッカーで言えば（攻守においていろいろな役割を組み合わせているので完全な分業型ではないにせよ）、ゴールキーパー、ディフェンス、フォワード、ミッドフィールダーと専門の役目があるような場合です。

ただし、過去にJリーグ・ユースに所属していたIさん（30代）が、このようなことを話してくれました。

「サッカーは、各ポジションで役割が違うスポーツです。フランスは個を持ったプレーヤーをまとめてのチームワークですが、日本は個がなく、チームワークを重んじています。そこがフランスと日本のサッカー戦略の大きな違いです」

同じサッカーのチームワークでも、あくまで〝個〟が主体のフランスと、まずチームワークありきの故に〝個〟が埋没しがちな日本とでは異なるということ。これについては、今回アンケートに協力してくれたフランスの友人が同じようなことを言っていました。

「フランス人もスポーツのように力を合わせることによって、個人ではできないことをやる楽しさを知っている。**別々の個性や長所を持つ人々が作り出す新しい価値の〝マリアージュ（*mariage*）＝結合〟**には、熱意を持って向かっていける。ただ、その場合、オーケストラの指揮者のような、真に力のあるリーダー（サッカーの場合は監督）が必要だ」

さて、「知的エゴイスト」の定義が専門職であることは、第1章で説明しました。そんな専門家集団＝個性集団には、真に力のある優れたリーダーの存在なくして、チームワークはうまく機能しないというわけですが、では、真のリーダーとはどんな人たちなのでしょうか。

前述した銀行での決定権に似ていますが、フランスでは、代表取締役社長＝PDG（*Président Directeur Général*）、つまりCEOに決定権が一極集中する傾向があります。少数エリートによるリーダーシップが基本となる経営が行われるのが特徴です。株主より、利害関係者全体の中長期的な利益を重視。ですから、アメリカの会社に比べると保守的で、マナー、ルール、手続きもかなり厳しく、トップの資質で業績も変わります。

フランスの自動車会社ルノーが日産の再建に乗り出した時、トップにたったのが、みなさんもご存知のカルロス・ゴーン氏。彼の強いカリスマとリーダーシップが、業績回復に必要でした。彼はレバノン系ブラジル人ですが、フランスの工学系グランゼコールのひとつである「パリ国立高等鉱業学校（*Ecole Nationale Supérieure des Mines de Paris*）」を卒業しています。この「グランゼコール」こそ、エリートを生み出すフランス独自の教育機関。卒業すれば出世コースが約束されています。

「グランゼコール」について、少し説明しましょう。これは普通の大学ではなく、より専門的で高度な勉強ができる高等職業教育機関で、エンジニア学校、高等師範学校、商業学校などいろいろとありますが、特にエコール・ポリテクニック、国立高等鉱業学校、国立行政学院（ＥＮＡ）、経営大学院（ＨＥＣ）が有名。そこから著名な政治家や経営者など、卓越した人材が輩出されるシステムになっています。

最古のグランゼコールは、国王ルイ15世の命によって1747年に作られた国立土木学校で、エンジニアを養成するための学校でした。「テクノクラート」と呼ばれる、高度な専門的技術を持って組織の管理や運営に携わり、意思決定と行政執行に権利を行使する技術官僚です。そもそものこうした成り立ちもあってか、フランスは今も理系主体の社会と言うことができ、優秀なリーダーには理系出身者が多いのです。前述しましたが、フランスの大企業の社長の約85%が、グランゼコール出身のエンジニアで占められると言われているほどです。

その後エリート教育に熱心だったのが、かのナポレオンです。身分に関係なく、自分のような優秀な人材を抜擢できるようにしたのです。それからずっと歴史は飛んで、第二次大戦後には国立行政学院ができ、最初は技術関連でしたが、徐々に政府高官、最高経営者のためのエリート学校となるグランゼコールも創立されました。

パリ在住30年余りで日仏の教育制度の違いに詳しいひとみさんによると、

「フランスの階級社会の教育システムの中では、エリートを作ることが最優先されてきました。それも専門分野で即戦力となる人や役職につく人の要請です。政治、経営、科学、軍事などのエリートは、自分が国家の基盤を支えるという自覚を持っています。日本の難関大学には毎年3万人前後の入学者がいますが、フランスのエリート校では毎年100人未満のところも少なくありません。それだけ狭き門であると同時に、学生2人に教授1名という具合に、1人に注ぎ込む予算も大きいのです」

もちろん、このエリートの存在やエリート養成についてはネガティブな意見もあるのは事実です。〝エリート〟という言葉自体、選ばれたる優秀な能力と特殊な境遇を受け継いだ人というイメージで、日本のようにただ褒め言葉として使われるだけではありません。「自由」「平等」というフランスの理念のもとでは、受け入れがたい側面もあるのでしょう。しかし、エリートが政治の分野でフランス社会を牽引していくことについて社会全体で合意がなされていることは、まぎれもない事実です。ナポレオン仕込みのエリートです。

エリートが国や会社という集団のリーダーとして存在することは、個を生かし、機能させる上で必要なのです。フランスに限らず日本の歴史を見ても、優れたリーダーの元で国家や集団が栄えてきた例はいくつもあります。織田信長や豊臣秀吉、徳川家康をはじめ、戦国時代の武将たちをリーダーとして捉えたビジネス書が次から次へと出版され、人気になっていますよね。

日本人は組織で動くのが得意だという気質はあるにせよ、それぞれの個性を伸ばす働き方を求める個人主義の若者が増えてきています。就職氷河期が発端になり、ただ大学を出ただけでは就職が難しいので、専門技能を習得しようとする傾向が出てきたのです。パソコンの普及で、ウェブ・デザイナーやグラフィック・デザイナーなどの専門職種が脚光を浴び、ファイナンシャル・プランナーやビジネス・コンサルタントなどカタカナ職種も増えてきました。

また、2002年から2011年に教育を受けた、いわゆる「ゆとり世代」もいます。「ゆとり教育」の結果については賛否両論ありますが、「ゆとり世代」は興味深い存在です。この世代の特徴として、「打たれ弱い」、「マニュアル通り」、「考えるより、ネットで探す」など、ネガティブな評が聞かれる一方で、「プライベートを大切にする」とか、会社の倒産を親や周りの大人たちを介して見てきたので「個人の価値を高める努力をする」など、知的エゴイズムのベースとなる個人主義的特徴を備えて生きようとする若者たちでもあるからです。

このように、日本にも訪れている個性を生かす時代。そういう時代だからこそ、**しっかりとしたビジョンと卓抜なアイディア、そして先を見通せる洞察力を備え、個をまとめあげていく知的エゴイズム的リーダーの必要性**が出てきたと思います。また、そういう人たちの育成も大切なのではないでしょうか。

❋フランス人は、燃え尽きるまでは働かない

フランスでは、一部の人は残業ができない決まりになっています。法律で労働時間が週35時間に制限されているからです。企業と労働契約を結ぶ場合は、週に4時間の残業を含む39時間とし、オーバーした4時間分を半日の有給休暇として置き換えられます。

そして、その分を別の人に回す、つまり、ワーク・シェアリングというシステムで、失業率を下げるために2002年に施行されたのでした。一人の労働者の労働時間を制限することによって、新たな雇用を生み出すのが目的だったのですが、残念ながら、新しい労働者が雇用されることはほとんどないのが実情でした。

私がディジョンに住んでいた時にお世話になったアレット（80代）は、その名を知らない人は誰もいないほど、ディジョンで一番有名な花屋を経営していました。ところが、２００2年にあっさりとその店を閉めてしまったのです。この「35時間制限の労働体系」によって、以前ほど仕事がはかどらなくなってしまったというのが理由でした。確かに、私が住んでいた当時は、個性豊かでおしゃれな雑貨屋さんや洋服屋さん、時計屋さんなど、個人商店がたくさん軒を連ねていました。

小規模経営の店が減り、コンピューターなどでより効率化が図れるチェーン店が増えていく現象は日本も同じかもしれませんが、フランスの場合は、労働時間制限がひとつの要因になったようです。

こうした就労時間の制限もさることながら、個を大切にする意識からも、基本的にフランス人は残業を好みません。集中して効率よく仕事をすすめ、仕事が終われば他の人の視線を気にせず退社します。それは、**仕事時間の長さと達成率は比例しない**とわかっているからです。

日本ではほぼ慣例化していると言っても過言ではない、「仕事の後の1杯」ですが、フランスでは、たとえ同僚や上司に飲みに誘われたとしても（滅多にないことではありますが）、たいてい断ります。付き合いで一度は行ったとしても、二度目はナシです。就業時間内に効率よく仕事をして、終われば家に直行。あるいは、デートや他の約束へ。オン・オフのスイッチの切り替えがはっきりしているのです。

ただし、労働時間制限があるのは、〝普通の〟労働者の場合です。労働時間制限がない人々もいます。それは、経営者や役職についている人たち、そしてフリーランスの専門職の人たち。つまり、私が本書で述べている『知的エゴイスト』たちで、彼らは極めて長時間働きます。しかし、それは、自分のやりたい専門的な仕事につき、働く時間も自分でコントロールできるのが前提ですから、長時間労働＝残業ではありません。

とはいえ、この長時間労働が常となっているフランスの『知的エゴイスト』の人たちから、このところよく聞くようになった言葉があります。それは、「*Burn-out*（バーンアウト）」。英語がそのまま使われているところをみると、もともとフランスには存在しなかった概念なのでしょう。日本語では「燃え尽き症候群」になりますが、フランスでも働きすぎで過労死が増えているのでしょうか。

それに対するフランス人の答えは、「フランス人は死ぬまでは働かない！」でした。働きすぎや職場の人間関係によるストレスで、うつ病など仕事が続けられない病気に陥ってしまうことはあるようですが、多くの人たちは、そこに至ってしまうほど我慢や無理はしません。私はここにも、鍵があるように思います。

振り返れば、私が会社に勤めていた頃は、特に男性社員はみな、夜遅くまで働いていました。くだけた表現で言うと、〝イケイケドンドン〟のバブル時代で、某コマーシャルで有名になった「24時間戦えますか」を標語のようにして、「企業戦士、戦うビジネスマン」がヒーロー化していたように思います。飲み会では疲れ果てて寝てしまう人も珍しくありませんでした。24時間戦うなんて、そもそもありえないことを、さもフツーのように言っていた時代。不思議な熱に浮かされていたかのような当時を思い出すと、ちょっと恐ろしくなってしまいます。

そんな日本も、いまは、大企業を中心に残業を減らしていく傾向にあります。私の元同僚で、大手商社に勤務する女性は、所属する部署が子会社になったのをきっかけに、派遣から正社員になり、東京に転勤を命じられました。先日、久しぶりに会った彼女に話を聞くと、水曜日は「ノー残業デー」で、全体的な残業時間はかなり減り、無理に残る人もいないそうです。パソコンやスマホを利用すれば、場所を限定せずに仕事ができる環境になってきています。9時～5時という就労体系にこだわらなくてもよくなってきているのです。

フランス人が残業をしないのも、死ぬまでは働かないのも、「個」を大切にし、**オン・オフの切り替えスイッチを適切に自分でコントロール**しているから。大いに見習うべき点なのではないでしょうか。

❋ 30〜40代の子育て世代が実践する、「知的エゴイスト」流働き方

知的エゴイズムの職種は、「プロフェッション・リベラル」とカテゴライズされる、高度な技術と知識を持った専門職であることは前述しました。それは何も、医師や弁護士、大学教授などといった職業に限りません。あらゆる分野にわたります。そして、30〜40代の子育てママ世代にこそ、このプロフェッション・リベラルとして働くことを私はオススメしたいのです。

現代の日本女性は、結婚も仕事も出産も、何も諦めないで、自分のやりたいことや進路を決められるようになってきました。少なくとも、私の世代よりは、ずっと自由です。それでも、特に出産後から乳幼児の子育ての期間など、時期によって、働き方を工夫する必要がでてきます。そんな時こそ、自分の職歴や専門技術、趣味を生かし

てフリーランスとして仕事をしたり、アイディアをビジネスに転化させたりすることはいくらでも可能なのです。

フランスの友人の例をいくつかご紹介しましょう。子育てしながら働いている30〜40代のたくましいママたちです。

マリアン（30代）は自宅近くにオフィスを構え、「カイエ・ドゥ・トンドンス」（日本語でいうと「流行ノート」と訳されます）という職業についています。アメリカの雑誌社で働いていた経験を生かし、ペンのデザインから企業イメージまで多岐にわたって、その時代のモードや流行をリサーチして、企業などに新しい方向性を提案する仕事です。フランスのほかにイギリスの大手企業とも提携。データ収集能力とともに、独創性が必要な仕事といえます。

ソフィー（30代）はカンヌ近くに住み、「アイディア・エンジニアリング・コンサルタント」の肩書きで、アイディアを提案する仕事をしています。オフィスは自宅の一部に。ギャラリーやアーティスト向けに、デザイン性の高いホームページ作成や新商品の提案、販路の拡大などを行っています。中国やアメリカ向けの仕事を、自分の発想力とネットワークを活かして展開。ニッチな市場を作り上げ、顧客を獲得しています。

エヴィリン（40代）は、パリで旅行業を営んでいます。一般客対象ではなく、学会や会合をヨーロッパやアメリカで企画したい時にホテルや会議室、移動手段などを手配する仕事。かつては大手観光会社に勤めていましたが、離婚を機に心機一転。仕事のパートナーとオフィスを構えて10年になります。以前は海外出張が多かったのですが、子供が2歳と小さいので、今はインバウンドでパリに来る顧客に出張旅行の手配をしています。

こうした働くママたちの強い味方となるのが、フランスでいえば「ヌヌー」という資格を持ったベビー・シッターの存在。エヴィリンも、この「ヌヌー」に同い歳くらいの子供たちを数人一緒に預かってもらう**「ベビーシッター・シェアリング」**を利用しています。**働くママたちにはヘルプが必要。**日本は、少子化だと騒いでいる割には、待機児童問題が深刻であるなど、ママたちを支援する体制が十分に整っているとは言えないのが実情です。

また、子育ては母親がするのが一番という根強い考え方もあります。もちろん、専業主婦や子育てに専念するのも「専門職」です。でも、もし、働くママという道を選んだのであれば、ある時期だけでも、助けを借りることは必要ですし、それを恥ずかしいとか悪いと思う必要はないのでは？　シッター代や保育料にお給料が消えてしまう、という心配もあるかもしれません。でも、それでもキャリアを継続したいと思う女性は多いはずです。一度辞めてしまったら、再就職はそう簡単ではないのが現実ですから。

独身時代と同じように会社員として勤務することは難しいかもしれない。でも、自分には専門知識も技術も、何より仕事をしたいという気持ちがある。そんな時は、迷わず、『知的エゴイズム』的プロフェッション・リベラルの道を考えてみてはどうでしょう。その際に、子育てやお掃除などの家事に、もっと気軽にプロの助けを借りることができるようになれば、さらに何も諦めない人生が送れるようになるのではないでしょうか。

女性のほうが男性よりも、発想が柔軟ですし、身につけられる専門技術や仕事も多岐にわたっていると思います。手作りのアクセサリーやメークの仕方を教えるなど、女性ならではの発想と技術で、オンライン・ビジネスを立ち上げている方がいるというニュースをテレビで見ましたが、ほんとうに頼もしい限りです。子供がいて、仕事に使える時間が限られているからこそ、オン・オフの切り替えをうまくやらざるを得ません。「知的エゴイズム」流の働き方は、まさに、30〜40代の女性にこそ向いていると言えるのではないでしょうか。

フランス人はストレスに弱い。だから、ストレスを我慢しません

極論ですが、フランス人はストレスに弱いと私は思います。実際、睡眠薬を最も多用している国にランクインしたとも聞きます。その一方で、自殺者数は日本ほど多くありません。睡眠薬を多用することの是非や、カトリック国ですから宗教的に自殺が禁じられているという背景はともかくとして、ストレスに弱いからこそ、一歩手前で立ち止まれるのだと思います。日本人のように、我慢して、ストレスは溜め込んで当たり前とするのは、果たして美徳なのでしょうか。仕事や職場の人間関係のストレスや勤務体系の悪循環から自殺に追いやられた人のニュースを見るたびに、私は胸が張り裂けそうになります。勤勉さ、我慢強さがよくない方向に作用してしまった例ではないかと思うからです。

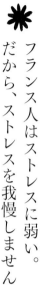

自分を追い込んで燃え尽きてしまうよりは、その前で立ち止まったほうがいいに決まっています。フランス人が、残業するよりプライベート・ライフを充実させようとするのも、ストレス解消に大いに役立っていると思います。仕事のストレスは、その日のうちに解消！です。後の章でも述べますが、おしゃべり好きで自分の悩みを人に聞いてもらったり、カウンセリングでプロの人に話を聞いてもらったり、など、**ストレスに弱いからこそ、対応手段をしっかりと持っているフランス人**には、大いに参考になる点があると思うのです。

ストレスに弱いことや、悩みを相談することは、決して恥ずかしいことではありません。むしろ、武器にすべきです。それが、自分の現在地を把握して問題には早めに対処することになり、燃え尽きを防いで、**結果として、仕事も人生も長く続けることができるというポジティブ・サイクル**につながっていくからです。

日本でも大企業を中心に、残業時間を減らす傾向にあります。また、パソコンやスマホ、タブレットなどを活用し、どこでも仕事ができる環境が整いつつあります。仕事をする場所を限定する必要がなくなったのであれば、就業体系も自ずと変わる必要があるでしょう。個人個人が自分の仕事を効率的に片付けていき、就労時間も自分で設定する。それこそ、知的エゴイズム流働くスタンスといえましょう。

きっとフランス人は、日本人ほど、辛抱強くないのでしょう。でも、どんな仕事をするにせよ、プレッシャーやストレスはある程度つきものですから、その状況のもとでの**自分の我慢の限界を持つ**ことは、とても重要です。辛抱強くないことは、ある意味プラスに作用すると思うのです。そう。ウルトラマンが3分間というタイマーを胸につけているのと同じように（3分間の我慢制限では短いですけれど！）、効率良く仕事に集中して成果を出し、終わったら、スイッチをオフに。そして、ウルトラの星＝プライベート・ライフに帰りましょう。また、そうした慣習にとらわれない個人主義的な働き方が認知、確立されれば、結婚して子供を持った女性も、社会進出がしやすくなるのではないでしょうか。

長時間労働はしない、バカンス大好きなフランス人に学ぶ

フランス人のバカンスが長いのは有名な話。1982年以降、すべての労働者に年間25日間の有給休暇が法律で認められています。つまり、それに土日を加えれば年間約5週間の休みがとれることになるので、長期バカンスに出かけることも可能なのです。特に夏のバカンスはとても大切。一大イベントですから、1年前から着々とプランを練り、そのために仕事をします。バカンスにかける熱意には、日本人の想像を絶するほどのものがあります。

法律で保証されているからとはいえ、仕事とプライベートの充実をバランスよく保ちたいというフランス人の願いは、ほんとうに根強いのです。日本では、昔ほどではないにせよ、仕事熱心であることが何よりも評価される傾向がありますが、フランス

では逆に、〝仕事オンリーの人間〟と、ネガティブな評価を受けてしまいます。

仕事は仕事の時間に集中してやりますが、自分の日常生活はもっと大事。よく言われることですが、日本人が、〝仕事のために生きる〟のに対し、フランス人は、〝生きるために仕事をする〟のです。つまり、仕事とはあくまで人生を楽しむための糧＝お金を得る手段。ですから、収入に見合う以上の仕事はせず、自分の人生＝暮らしを大切にするために、早く切り上げようとします。日本のように、会社を家族のように捉えたり、恩義を感じたりもしません。

日本でも最近は、**ワーク・ライフ・バランス**について議論されるようになり、若い世代はダラダラ仕事をしないようになってきたという話も聞きます。でも、自分の仕事は終わっても、同僚の手前、つい残ってしまったり、その後付き合いで飲みに行ったりしてしまった経験のある人は、少なくないのではないでしょうか。たしかに、日本の商習慣として、飲み会や接待ゴルフの場で仕事が取れたり、何かが決まったりするということはありますから、一概には言えないことはわかっています。

でも、就業時間内に集中して仕事をこなし、終わったら即、退社。家に直行するなり自分の好きなことをするというように、オン・オフがはっきりしているフランス人の方が、人生がより充実しているような気がします。こう話すと、「それはヨーロッパでは通用するでしょうけれどね」という不満の声が聞こえてきそうですが、ここで、おもしろいエピソードをひとつ。

フランス人とドイツ人の学生グループが合宿をして、1週間後にグループ・プレゼンテーションをすることになったそうです。体力勝負のたいへんな作業。ドイツ人グループはまず始めに7日間の日程表を作り、どういう過程で発表までもっていくか話しあって、体力をつけるために、朝はみんなで運動からスタートし、チームワークよく発表に挑んだそうです。

一方、フランス・チームは、4、5日間は合宿ライフを楽しみ、それぞれが読書など好き勝手に過ごしてから、発表の2、3日前になって「そろそろ準備しないとマズイかな」と、やっと始動。最後の1日は徹夜で各メンバーが自分の力を発揮してプレゼンテーションをまとめあげたそうです。果たして、両チームのプレゼンの出来は、ほぼ同じであったとか。

フランス人の個人主義やチームワークが苦手なことがよくわかるエピソードです。フランス人は陸上競技で言えば短距離ランナーの集まり。最後に加速するところがポイントで、やる気になれば、ものすごい集中力を発揮する短期集中型です。人生のありようで言えば、イソップ物語の『**アリとキリギリス**』(**フランスでは『アリとセミ』**。これについては第4章で)にも似ていますが、どちらがどちらかは明白ですね。

フランス人の個人主義は、たとえば、ドイツ人や日本人と比べると、どう違うのか、友人に投げかけてみました。すると、

「ドイツ人と日本人の国民性は似ていると思う。勤勉で、まじめで、組織を尊ぶ。ドイツ人も日本人も、自分（個）の前に、まず自分の属している組織や国家のことを重んじるのです。それに比べて、フランス人の個人主義というのは、まず何を差し置いても自分のことを第一に考えます。その後で、社会や国家とつながる。だから、国家に対しても反逆的な気質を持つのです」

という答えが返ってきました。

また、「働きながら週末の楽しみを考える人が増えてきました。週末を利用して自分で家を建てたり改装したり、庭にプールを作るなど、家の充実を図る人が多くなってきたので、ＤＩＹ用の大型ホームセンターも増えています」とのこと。

自分で自宅のリフォームをする人が10人中8人はいるという統計もあるほど、仕事より週末やバカンスをいかに有意義に過ごすかが大切なポイントになったのです。これをフランスでは、「***Civilisation des loisirs*＝余暇文明**」と呼びます。いかにもフランスらしい言葉です。

日本はどうでしょうか。仕事モードがオンのスイッチを切れない人が、まだまだ多いのではないでしょうか。長期休暇をとりにくい状況にありますが、フランス人のように長いバカンスをとり、リフレッシュした心と体で次の仕事に立ち向かえば、どれだけ成果があげられることでしょう。勤務年数10年ごとなどに「リフレッシュ休暇」がとれる企業もありますが、それがもっと広がったらいいですね。

個の充実は、会社や社会にとってプラスになるはず。オン・オフを切り替えるのは、知的エゴイズム流仕事の極意です。そんな個の在り方を認める社会が理想です。

❋ 長いバカンスは、むしろ経済効果をもたらします

フランス人がバカンスが大好きなことは前述した通りですが、その間、会社はちゃんと機能しているのかと疑問に思われる方は多いでしょう。私は旅行会社で働いていますが、取引先のフランスやベルギーの旅行社の担当者が休暇中は、取引ができないということは確かにあります。

でも、銀行の役付きだったジョン・ポールがこう言っていました。

「同じクラスの役職、たとえば、部長は必ず2人います。担当地域の仕事などは分かれていても、常に情報共有をしていたから、バカンスで一人がいなくなると、もう一人の部長がカバーします。でも、それはお互い様なので、人の仕事をさせられているという気持ちはないですよ」

ケースバイケースですが、夏の間だけ臨時で人を雇うなど対策を講じる会社もあります。でも、「長い休みをとると同僚に迷惑がかかる」とか、「仕事があるから、無理」などといった言い訳はできないほど、特に夏のバカンスがフランス人の人生に占める割合は大きいのです。それはもちろん、権利として制度で保障されているおかげでもありますが、**休暇をとるという権利意識を共有**していく姿勢は、学ぶところがあると思います。

ここで、この「バカンス大好き」を、また別の側面から見てみましょう。バカンスは個を豊かにし、心身ともにリフレッシュされた後は仕事の効率アップにつながります。しかし、それだけではありません。長いバカンスの間、経済活動が停滞してしまうのではないかと心配される方は多いかもしれませんが、実は長いバカンスは、意外に経済効果をもたらすのです。バカンス中は国内旅行をするフランス人が結構多いため、**観光収益**が**増**えるからです。すると、**インフラ**なども**整備**、充実させることができ、それによって**新**たな**雇用**も生まれます。観光業も内需が伸びれば、為替や気候的条件などで変化する海外からの旅行客に左右されずに収益を見込めるという構図です。日本も学べるヒントが隠されていると私は思います。

たとえば、オートサヴォア在住の元麻酔科医クロード（60代）と看護師シャルロット（60代）のフランス人夫妻は、登山が共通の趣味。2人の夏のバカンスにご一緒したことがありますが、プロバンス地方の山あいのコテージ風ホテルに滞在し、田舎の自然の中でその地方のおいしい食事とワインを楽しみながら、のんびり過ごすというバカンスのスタイルでした。

専門職に就く友人たちは、パリから車で半日かければ着くノルマンディーやブルゴーニュなどにセカンドハウスを持っています。その地域特有の古い石壁の家です。大自然の中に家族や友人たちが集い、地元の村の店でチーズやワインを買って楽しんだり、景色のいい場所を訪ねたりします。田舎の家にはテレビもなく、その代わりにクラシック音楽を聴いたり、鉄のボールを投げ当てるペタンクなどのゲームをしたり、庭で日光浴をしながら読書をしたり。場所によってはインターネットが繋がらないため、携帯もテレビゲームも遠い存在となり、まさに**デジタル・デトックス**状態です。特別な観光地に行かなくても、日常とは違う場所＝自然の中に身を置いて自分をリラックスさせ、生きている喜びを心と体で感じることができます。

つまり、バカンスで地方を訪ねることで、その地元のビジネスに収益がもたらされるのです。日本では、休暇といえば、有名観光地に人が集中する傾向がありますが、何も、いわゆる観光地だけがバカンス先ではありません。日本にも田舎はたくさんあります。古民家を借りて、週末はＤＩＹを楽しんで家を住みやすい状態にするとか、地産地消で地元の新鮮な食材を手に入れたり、海や川で釣りをすることだってできるかもしれません。近くに道の駅や天然温泉でもあれば最高です。デジタル・デトックスが無理な人なら、モバイルＷｉＦｉを持ち込めば、仕事を続けることだって可能です。

もちろん、いろいろな面で、古民家を手に入れたり手を加えたりすることが簡単ではないとは思います。そんな時は、家を借りずとも、キャンプという方法もあります。２０４０年頃には、全国約１７５０市区町村のうち半分は存続が難しくなるという調査もありますから、これまでの休暇のパターンを変えて、〝なんでもない田舎〟に目を向けてみるのはいかがでしょう。人が休暇で訪れることによって、限界集落に新しいビジネス・モデルが生まれる可能性もあります。**余暇文明はバカンス・ビジネスにもつながっていくと思います。**

✻ 個人主義でも生産性の高いフランス、学力は高くても生産性の低い日本

2015年のフランスのGDPは世界第6位ですが、年間労働時間が最も少ない国であるにもかかわらず、その労働生産性は主要先進7ヶ国（G7）の中で、アメリカに次いで第2位です。

おもしろいことに、実はこの事実を知らないフランス人も多くて、「労働時間が短いのに生産性が世界第2位なのはどうして？」という私の質問に、逆に驚かれました。それどころか、「数字をごまかしたんじゃないの？」とか、「機械による生産性だけを出した数字じゃないのか？」などと言う人もいる始末。なかなか信用してもらえませんでした。

ただ、フランス在住歴の長いスウェーデン人のパトリック（60代）の意見には妙に納得しました。「他の国の人たちが、ダラダラと職場にいるだけなんじゃないの？」（＝労働時間が長くなる）。それもあり得るかもしれません。

フランス人の仕事の効率性について、アメリカの『アトランティック』誌2014年8月号の「ビジネス・インサイダー」に、こんな記事を見つけました。
「パリで仕事をする人たちは、8月は南仏やイタリア、スペインのほうに出かけて不在である。（略）いかに、バカンスや残業をしないことが仕事の生産性、効率化に好影響を与えるか。より長く働くと、生産性は落ちていく」

次のようにも書いてありました。
「技術向上や機械導入によって、生産性は以前よりかなり上がっている。それなのにアメリカでは、労働時間がそのままか、むしろ長くなっている。（略）長く働いている理由は、もはや『報酬のため、減収を避けたい、義務だから』ではなく、『忙しいから短くできない』と言うことで、自分を重要人物に見せる社会的名誉のためではないか。（略）残業は、心身の健康に害を与える。家族の時間も犠牲にする。それなのに残業するのは、『仕事をすることへのプライド』からで、（実際にはそうではなくても）生産性向上のため、という思い込みからくる」

そして、イギリス哲学者バートランド・ラッセルの『怠惰への讃歌』から次のように引用しています。「現代社会では、〝労働を徳を見なす考え方〟が多くの弊害を生んでおり、幸福と繁栄への道は、労働時間を組織的に減らすことにある」。記事は最後、こう締めくくっています。「**フランス人は、最高のワーク・ライフ・バランスを実行している**」と。

日本人の学力は世界のトップレベルにありますが、労働生産性は２０１４年には０

ECD加盟34ヶ国の中で21位（フランスは7位）。なんと、先進国の中では最低レベルだそうです。個々の能力は高いのに、なぜ生産性がこんなに低いのでしょう。それは、個々が十分に生かされていない、組織主体の硬直した日本的経営にも一因があるのではないでしょうか。

長時間働き、休みを取らないほうが、仕事の質よりも大切であると見なされる風潮。それが個々の生産性を押し下げているのではないかと私は思います。得意な分野を生かし、専門的能力を高めて、仕事に集中する一方で、就業時間は短く、休暇もある程度長く取る。そんな合理的な知的エゴイズム流の働き方をするために、ひとりひとりだけでなく、組織としての意識改革も必要な時がきているような気がしてなりません。

✿ フランスはどの産業も世界屈指のレベルにあるという事実

フランスと聞いたら、どんな産業が盛んな国だと思いますか？　ファッションでしょうか？　それとも、食が豊かだから、農業でしょうか？　個人主義でも生産性が高いフランスは、実は、すべての産業分野がバランスよく発展した国。しかも、どの産業も世界屈指のレベルにあることは、とても興味深い事実です。

フランスの産業は今も、主に「土」と「石」に関連していると言われています。「土」は農業、「石」は建物、つまり建設業のことです。

農業は第一次産業に入ります。ご存知の通り、フランスは農業国。自給自足率（2011年農林水産省試算・カロリーベース）が129％と高く、カナダ、オーストラリアに次ぐ、世界第3位。EUにおける農業生産高の3割を占める屈指の農業国です。ちなみに日本は39%ですので、その違いは明白ですね。

建設業は、製造業、電気・ガス業、食品、化学、輸送用機器、軍需・宇宙航空、エネルギーなどと並んで、第二次産業に入ります。エネルギーは日本では第三次産業に分類されますので、若干異なります。第二次には、航空機・戦闘機、高速列車、自動車も含まれます。

つまり、先進国が第三次産業（サービス業）へと移行していく中で、フランスはいまだに、第一次産業、第二次産業に重きを置いている産業形態だと言えるのです。いかがですか？ 第一次、第二次産業の分野で、フランスの名産品や有名企業の名前が次々と浮かびませんか？

フランスと言えば、美食の国。野菜、肉、チーズ、ワイン……。すばらしい食材で美食の国を支えているのが、農業（第一次産業）です。もちろん、水産業も。

第二次産業では、まず車にルノー、プジョー、シトロエンなど名だたる自動車メーカーを有する自動車産業大国。タイヤのミシュランもフランスです。日本の新幹線と速度を競い合うＴＧＶもあります。航空機では、エアバス社。「ミラージュ」戦闘機を製造しているダッソー社。人工衛星打ち上げ用の「アリアン」ロケットもフランスの技術です。２０１４年に公表されたデータでは、フランスの民生用宇宙産業関連予算は、アメリカに次ぎ、実は世界第2位です。また、エネルギー産業はお家芸とも言え、原発大国としても有名です。アレヴァ社はフランス発の世界最大の原子力産業複合企業です。もちろん、エルメス、ルイ・ヴィトン、シャネルなど、有名ブランドの製品も、第二次産業に入ります。

こうした第二次産業の各分野で世界屈指のメーカーやブランドを生み出している裏には、第1章でお話しした理系出身の「エリート」たちのリーダーシップがあることは、言うまでもありません。

もちろん、第三次産業も盛んです。BNPパリバやソシエテ・ジェネラルなどの銀行に代表される金融、観光、それを支える交通運輸。そして、レストランなどのサービス業があります。

また、フランスは、ベンチャーやイノベーションが発展しやすい国と評価されています。2012年のフランスの労働生産性（フランスに失望しない8つの理由／ル・モンド紙2014年1月8日付）は、就業時間1時間当たり45・4ユーロでした。EU全体の平均37・2ユーロや、ドイツの42・6ユーロをも上回るものでした。個人主義で、個々の能力が高いということの裏付けとは言えないでしょうか。

第三次産業には、ＩＴ関連、グラフィック・デザイン、コンサルティングなども含まれ、こうした個人の能力の高さが必須となる職種は、フランスで今後さらなる発展が期待されます。

フランスは農業国だ、などと大雑把に言われることが多いようですが、実は各分野の産業がバランスよく発達し、しかも、どれも世界屈指のレベルにある国。それは、個人主義で、個性を伸ばす教育やシステムの賜物であるような気がします。

空気を読まないほうが、人間関係はうまくいく

言葉が自分を解放してくれることもあります

Chapitre 3

愛すること、それはお互いを見つめ合うことではなく、
同じ方向を一緒に見つめることである。

Aimer, ce n'est point nous regarder l'un l'autre, mais regarder ensemble dans la même direction.

―― *Antoine de Saint-Exupéry*
アントワーヌ・ド・サン＝テグジュペリ（1900－1944　作家・パイロット）

フランス人のおしゃべり好きに、見習うべきところはたくさん

フランス人のおしゃべり好きには、いつも本当に感心します。とにかく、よく話すのです。コーヒーを飲んではおしゃべり。ワイン・グラスを傾けてはおしゃべり、食事中も、チーズをつまんでもおしゃべり、締めのデザートで、またおしゃべり。おやすみなさいを言ってからもおしゃべり。エンドレスです。とにかく、**いつ、どこにいても、話す**のです。いったい、どうしたらそんなに矢継ぎ早に言葉が出てくるのだろうと不思議に思うくらい。しゃべりだしたら止まりません。

フランス語が母国語でない私は、ついつい聞き役に回ってしまいますが、黙っているわけにもいかないので、「ア、ボン」（*ah, bon*＝あ、そう?）、「セヴレ?」（*c'est vrai?*＝ほんと?）、「オーララ!」（*oh là là!*＝あらら）と、ひたすら相槌を打っています。

テーマもオチも結論もなしに、ただただおしゃべりし続けるケースも多々あります。私は、話にオチを付けるのが常識の関西に生まれ育ちましたので、これが、とても苦痛です。特にワインなど飲んでほろ酔い気分で聞いている時は、睡魔と闘いながら、会話のバトルが終わるまで永遠とも思える時間を、ひたすら待ち続けることになるのです。

ほっぺの両側にビズ（キス）をし始めたら、お開きの合図。そろそろ帰れるかなと思いきや、まだまだ油断はできません。車に乗り込む前に、まだ平気で20分も30分も話し込みます。寒い冬など、待っている私は凍えそうになったこともありますが、フランス人は寒さになど負けません。

一度、「結論なしでも話を続けられるの?」と聞いたところ、フランス人にとっては理解不能な質問だったようで、「会話に必ず結論は要るの？」と、逆にプロヴォーク（*provoquer*／挑発）されてしまいました。フランス人にとっては、会話することや、口に出して発散すること自体が目的であって、結論を目指しているわけではないのです。まず、おしゃべりありき。この姿勢は、ずいぶんとストレス発散にも役立っていることでしょう。

この「プロヴォーク」も、フランス人の会話の特徴です。たとえば、こちらの質問に対して、最初から否定的なことを言ったり、疑問を投げかけたりして、なかなか答えないのです。

フランスに長く住む友人のスウェーデン人夫妻も、「このプロヴォークを知らないと、フランス人と真に会話をすることはできない」と言っています。会話で挑発するなんて、日本では失礼にもあたる行為です。でも、フランス人は、このプロヴォークに対して相手がどう反応するかをおもしろがり、冷静に見ているのです。ちょっと意地悪なことは事実ですが、討論、激論が好きなので、プロヴォークを会話のツールとして楽しんでいるのだそうです。ですから、最初からいきなり、逆説的な言葉が返ってきたりします。日本人はノーと言えないと言われますが、フランス人は逆。「ウイ」（＝イエス）と言えない会話術です。

第2章でも登場したオートサヴォア在住で元医師のクロードも、フランス人の討論好きについて、次のように言っていました。

「フランス人は討論が好き。フランス語で討論を意味するものには2つある。それは、ディベートとポレミック（*polémique*）。とりわけ、ポレミックは個人主義にもつながるもの。自己主張するために、相手にとってはちょっと攻撃的な論争をするのです。賛同しない理由がはっきり存在する場合は、特に」

まさしく、「**ウイと言えないフランス人**」なのです。ポレミックはフランス独特と言えるかもしれません。日本でそんなことをしたら、「面倒くさい人」「性格悪い人」の烙印を押されてしまうのがオチでしょうね。

ちなみに、この「ウイ」と言えない会話に関連しますが、フランス人は、どんな時でも「*merci*（ありがとう）」は言いますが、「*pardon*（すみません）」や「*désolé(e)*（ごめんなさい）」は、なかなか言いません。たとえ自分に非があるとわかっていても、言わないのがフランス人です。また、相手の話が終わると必ず、「*mais*（しかし）」をつけ、相手の言うことに同意しないで反論を繰り広げるのです。本書を書くにあたり、多くの友人たちに話を聞いた時も、この「*mais*（しかし）」には、私自身、ほんとうに悩まされました。感謝はするけれど、自己を曲げてまで謝らない。おしゃべりは好きだけど、簡単には相手に同意したくない。フランス人の辞書には、「はい」と「ごめんなさい」はないのかと思ってしまうほどです。

でも、どうして、フランス人は、ディベートをするのでしょうか。多くの友人たちに聞いた中で、私が納得した答えはこうでした。

「ディベート＝意見交換は、自分や相手の意見を理解するためにするもの。また、反対意見の論理的なところがわかってくると、自分の意見が変わることもあります。重要課題にしっかりした考えを見出すこともできるのです。政治的、社会的な問題も、話し合うことで見えてくることがあります。討論や話し合いは、自分独自の考えを思い描くために必要なものなのです」

〝自分独自の考えを思い描くために必要なもの〟であるならば、フランス流議論術は大いに実践してみるべきだと思いませんか？　コツは難しくはありません。ディベートの根本原理は論理的であることです。相手を打ち負かすのではなく、コミュニケーションを図り、相手をよりよく知ることが目的なのです。テクニックに溺れて詭弁にならずに、〝自分にとっての正論〟を吐くことが大切だと思います。慣れてきたら、フランス人流にプロヴォークしてみるのもいいかもしれません。

また、これは私も修行中ですが、会話力を高めるために、自分の意見を常に用意しておくことも有効です。そのためには、政治、経済、歴史、時事、自分の興味など、いろいろな分野にわたって情報や知識を仕入れ、自分らしい意見にまとめて引き出しに入れておくのです。その意見を深めるために、ちょっとした体験談や具体例なども加えて、ポンと口から出てくるような練習を日頃から意識しておくこともいいと思います。日本は今、国をあげてのインバウンド旅行ブーム。そのお陰で、私も忙しくさせていただいているのですが、日本を訪れる海外からのお客様に、日本のことを説明できるように何か見つけておくのもいいですね。自分が興味を持った身近なトピックから、引き出しの中身を増やしていきましょう。

「知的エゴイズム」実践には、まず自己を解放すること。フランス人にとって、自己を解放する強力な武器が話すこと、つまり、議論することなのは明らかです。大好きなこと、興味のあることを糸口に、**会話力や言葉の力を磨いて、どんどん自己を解放**してみましょう。難しいことは抜きにしても、おしゃべりは何にも勝るクスリですよ！

討論に勝てる会話力・議論力を育てましょう

子供は何に対しても、「どうして？」と聞いてきます。日本なら、「そんな小さな子に難しい説明をしてもわからないんじゃない？」と曖昧にしてしまうことでも、理論的かつ丁寧に辛抱強く説明するフランス人の親をよく見かけます。こうした親の姿勢が、フランス人の討論好きにつながっているのではないかと思います。

ディジョンに住むアン（70代）は、地元で一番大きな道場を主宰する柔道家の奥様。元小学校教師でもある彼女は、次のように言っています。

「初等教育の時から、批判的な意識というのを持たせます。最近のできごとや過去、歴史の内容まで、何度も考えさせるのです」

フランス人の「決して簡単には同意しない」、「議論に持ち込む」、「簡単に口論を始める」という特徴は、小学生のうちから「賛成」「反対」に分かれてディベートの基礎を学ぶところにあるのかもしれません。

ただし、これについては厳しい意見があるのも事実です。パリの建築会社に勤めているミシェルは、次のように言っています。

「みんなが正しい議論のやり方を知っているわけではありません。自分の立場だけに留まって議論する人がいますが、それは間違い。昔は哲学や弁論法などを学びましたが、今は、学校でそんなことは教えてくれません。エリートが相手を説得することは学んでも、相手の意見を聞くことはしないんです」

パリ在住のひとみさんも同意します。

「フランス人は、自分の意見を主張する親兄弟や友人を見習って育ち、そう躾けられます。でも、すべての人が論理的に話すわけではありません。話すことは得意でも人の話を聞くことは苦手な人が多い印象を受けます」

フランス人には、自分の立場をはっきりさせ相手を説得する会話術があり、その会話を円滑に進める技術力は高い。その反面、人の話を聞くのが苦手な人も多いと言えそうです。

しかし、人の話を聞くことのほうが得意な日本人としては、少し、フランス人が得意とするディベート力のほうを磨いて損はない気がしてなりません。**自分の意見をしっかりと持って相手を説得し、なおかつ、相手の話に耳をかたむける能力を持てたら、鬼に金棒です**。これも、寛容の精神ですね。特に、個性集団を率いるリーダーには、そんな能力が求められると思います。

ＫＹのほうが人間関係はうまくいきます

フランス東部に、ワインで有名なブルゴーニュ地方があります。そのコートドール県の中心都市ディジョンが、私の最初の留学先でした。夏の講座の間、フランス人のロロンスという、とても心優しい女性宅にホームステイしました。当時の私はフランス語がまったく話せなかったので、いつも身振り手振りでコミュニケーションをとっていたのを思い出します。

そんなロロンスとの共同生活にも、１ヶ月もすると徐々に慣れてきましたが、どうして彼女はわかってくれないのだろうと、悩むこともしばしばでした。そんな時、彼女が私に言ったのです。

「気持ちを伝えたかったら、フランス語の上手下手にかかわらず、ちゃんと言葉にして口に出さなければダメよ」

フランスでは自己主張が大事で、思ったこと、言いたいことをまず、口にします。相手との意思疎通に言葉は不可欠。言葉に出さない限り、相手に何も伝えることはできないのです。こちらは、アイコンタクトで、「わかってくれているはず」などと一方的に思っていても、それはあくまで、自分が勝手にそう希望的推測をしているだけ。相手には、かけらも伝わっていなくて、「どうして言ってくれなかったの？」と、逆に聞かれてしまうのは当然です。実際、私は、彼女の顔色をうかがっていただけで、言葉にして発してはいなかったのです。

日本には、「以心伝心」という便利な言葉があります。「行間を読む」という言葉もあります。言葉にならないところから相手の心を察したり、読み取ったりすることが美徳とされているのです。今や定着した感のある「ＫＹ」（空気を読まない）も、同じ文脈で語られるでしょう。相手の心やその場の雰囲気を察するという美徳がないことへの批判です。

この「KY」について、フランス人に聞いてみたところ（説明するのは至難の技でしたが）、同じではないものの、フランス人なりの気の使い方、関係性の読み方はあるようです。たとえば、親しい友人同士に使う「*Tu*」**（＝君）**と、初対面や目上の人などを呼ぶ時の「*Vous*」**（＝あなた）の使い分け**がそうです。それによって、最初から相手の存在を区別し、線引きするのです。フランス流の空気の読み方、距離の取り方と言っていいでしょう。

それでも、その場の空気を読んで喋らなくなる、という選択は決してしません。それなりに直感や観察力、洞察力を働かせながら、声をかけます。結局、話すのです。**相手の顔色をうかがって頭の中でアレコレ考えるよりも、まず話をして、探るので**

す。エレベーターの中で見知らぬ人と顔を合わせても会話をしてしまうのが、フランス人です。「今日は天気がいいですね」とか、「エレベーターがなかなか来ませんね」とか、たわいもないことから自然に会話が始まり、最後は「では、良い一日を」と言って別れます。

相手がいるのに話さないことは、フランス人にとっては苦痛であり、理解不能な恐怖の瞬間です。逆に言えば、沈黙が怖いから、どこでも自然に会話を生まれさせる文化なのかもしれません。ちなみに「沈黙は金なり」という格言はフランスにもありますが、「*la parole est d'argent, le silence est d'or*」（言葉は銀、沈黙は金）となります。やはり、フランス人とおしゃべりは切り離せないようです。

そもそも、相手を呼び方で区別するなど、日本人からみると、はっきりしすぎていて酷なようにも思えますが、考えてみれば、とても合理的。失礼な態度を取ることも防げ、無用の誤解を生まなくてすみます。

もちろん、私は、相手の心やその場の空気を察するという日本人の美徳を、決して否定しているわけではありません。「郷に入っては郷に従え」。空気を読みながら話す、話さないは、国や状況、相手によって変わりますし、それを間違えるとたいへんなことになります。

しかし、「KY」を恐れるあまり黙ってしまって、自分勝手な推測に基づいて判断し、それがお互いの意思疎通の障害になったり、間違いの元になって思わぬ方向に展開してしまったりすることは、よくありますよね。それよりは、**言葉にして、自分の思いや意見を出す**ほうが、よっぽどいい。同じように、相手からも意思を言葉で明確に示してもらったほうが、迷わなくてすみますから、ラクですよね。お互いに、気持ちや意思を確認できます。そのほうが、ビジネスもプライベートも、スムーズにいくと思いませんか？　KYのほうが、人間関係はうまく運ぶことも多いのです。

真の会話力は豊かな人生を映し出すものです

フランス人と日本人で、会話の内容が決定的に違うものがあります。それは、テレビです。日本人同士では普通のことですが、テレビで見た芸能人の話題や、有名なケーキ屋さんやレストランの情報をフランス人に話すと、「あなたは、芸能人や有名なものが好きなのね」と、軽く流されてしまうのです。

日本人がテレビを会話のネタにする理由のひとつには、日本のテレビ事業が東京のキー局を中心に全国に民放チャンネルのネットワークができているため、加盟局のある地域では共通の話題にできるということもあるかもしれません。フランスでは、ARTE（文化）やM6（娯楽）など専門チャンネルも一応ありますが、メジャーな民放の無料チャンネルはTF1だけ（国営放送関連はFrance2-5が存在）。そのせいか、フランスでは、みんなが揃ってテレビを見る文化がありません。では、テレビの話もしないで、フランス人はいったいどんな話をしているのでしょうか。

一番身近なのは、自分の趣味の話です。私が出会った例をご紹介しましょう。

ディジョンに住む私の花の師匠アレットの夫ギー（80代）は、家族の集まりでは会話の主導権を握るタイプではありません。どちらかというと大人しく、物静かな人です。新しい機械を開発しては工場に取り付ける仕事をしていたのですが、妻のアレットが50代で花屋を開店して忙しくしていた時に、彼は早期退職。その後はディジョンから車で20分ほど離れた郊外に、妻がデザインしたプール付きの家を自分で建てることに専念していました。内装はもとより、プールテラス、庭など、ほとんど手作り。「日曜大工の神様」と呼ばれるくらい手先が器用で、どんな工具も使いこなし、妻のリクエストに応じて、花器も口笛を吹きながら作っていました。

その手作り中の新居に遊びに伺った時のことです。「さて、今日は何をしようかな」と言って、彼は菜園や野鳥のことなどを話しはじめました。近くにあるお城の廃墟を見に行った時には、その塔の屋根裏で飼われていた伝書鳩のことや、近くの川でも許可が必要な魚釣りのことなど、いろいろな道具や本を使って、それはそれは情熱を込めて話してくれたのです。

小型飛行機の操縦もする彼は、その離陸と着陸のコースのことも話してくれました。正直なところ、私にとっては関心のある話題ではありませんでした。でも、興味が湧くようにおもしろく説明してくれるので、不思議とその話しぶりに引き込まれ、いつの間にか夢中になって聞いている自分がいました。ですから、わからないことがあれば、次から次へと質問しました。今となって思えば、そんな繰り返しが私のフランス語力アップに大いに役立っていたのだなぁと実感します。

ギーのようなフランス人は少なくありません。どんなに口下手な人でも、自分の専門分野となると、俄然、水を得た魚のようになり、一般の人にわかりやすく話し出すのです。フランス人は、専門の仕事をこなすことや、特別な趣味に没頭することを生きがいとしていますから、その分野の話となると、中身が濃くて、とてもおもしろいのです。それが、ある意味、フランス人の会話力のすごさ。知的エゴイズム流会話術です。フランス人は会話から何かを学びたいという気持ちが強く、本質的な話を聞くことを好むのです。

そんな欲求を満足させるためには、話す側に、相手に伝えるための**巧みな会話力と豊富な知識**が求められます。脅かすわけではありませんが、会話が円滑にできないと露骨に皮肉を言われることもあるので、油断はできないのです。そのため、理論的に話す力を身につけ、ネタとなる知識をできるだけ貪欲に習得しておかなければならないという苦労はありますが、コミュニケーション能力を磨く究極の特訓と言えるのは、間違いないですね。

とはいえ、恐れないでください。とにかく、相手に伝えようとする気持ちがまず、大切なのですから。私の知人に南仏在住の日本人の奥様がいます。こう言っては失礼ですが、彼女の英語はネイティブの方のように完璧というわけではありません。でも、パーティーなどがあると、彼女はいつでも、華です。みんな彼女の話を聞きたがります。私がみんなを喜ばせようとして言ったことなどには、フン！と無視する態度ですが、彼女の話は、みんな夢中になって聞くのです。それは単に、彼女が美しいからとかお金持ちだからということだけではないと思うのです。

いくらおもしろいと自分が思うからと言って、ダラダラとひとりよがりに話してしまっては、相手を飽きさせるだけです。自分がおもしろいと思う話だからこそ、シェアしたい。そんな、伝えようとする気持ちが大切なのではないでしょうか。**会話には**

人柄や、生き方も表れます。チャーミングな人間性磨きというのも、真の会話力上達の大切なポイントですね。

友人とのおしゃべりは、生活と人生の大切な一部

フランス人は、どうしてこれほどまで会話を重要視するのでしょうか。前章で、フランス人にとって大切な「アール・ド・ヴィーヴル（*Art de Vivre*＝生活の美）」について少し触れましたが（第４章で詳細を）、その中には、家族や友人と一緒に過ごすことも含まれます。それは、**会話が自分の生活や人生をより豊かにするための重要なエッセンス**になっているからなのです。

パリに長く住むマドレンヌ（60代）は、パリで茶道の学校に通う一方、南仏カンヌ近郊にある別荘に夫が2年がかりで建てた茶室でも、茶道の研鑽に励んでいる人。そんな彼女は、「フランス人が大切にするものは、３つ。家族と休暇、そして友人だ」と言います。たしかに、友人と、お茶やコーヒー、あるいはおいしい食事とワインと

ともに同じ時間を共有し、会話や議論に花を咲かせることは、フランス人にとって大きな喜びです。

日本のみなさんにもお馴染みですが、パリのサンジェルマン・デプレ教会の前に、有名なカフェ「ドゥマゴ」があります。今は観光地化していますが、１８７３年に誕生したこのカフェを拠点として、ヴェルレーヌやランボー、マラルメなどの詩人たちが活動していました。第二次世界大戦前後には、さまざまな思想を持つ人たちが集い、議論を交わしていたといいます。ピカソやヘミングウェイもよく顔を出していたそうな。

その横にあるのが、もうひとつ有名な「カフェ・ドゥ・フロール」。こちらは１８８７年に誕生しました。たくさんの文学者が集まり、サルトルやボーヴォワールも足繁く通っていたそうです。カフェに哲学者や文学者、芸術家たちが集い、議論を戦わせて、文化を作ってきたのです。カフェが社交場でした。

しかし、2015年11月13日に、パリの歴史を変えてしまうようなテロが起こってしまいました。亡くなったのは、カフェの外のテラスで食前酒や夕食を楽しんでいた人たちです。そこが標的になったのは、カフェがフランス人にとってのシンボルであるからでした。

私が前出のマドレンヌや他の友人たちに、友人たちと付き合う秘訣は何かと聞くと、必ず返ってきた答えが、「寛容」という言葉でした。相手に対する気遣いが大切というのはわかりますが、全員が揃って、「寛容」という言葉を使ったことには、正直、驚いたものでした。

テロの背景には移民問題があると言われています。しかし、異なる文化や立場の人たちが議論し、お互いの立場を尊重してきたはずのフランスの「寛容」の精神は、このカフェという社交場で作られてきたものでもあります。文化の異なる国で生まれ育った私も、フランスの「寛容」の精神に受け入れられ、助けられてきた一人です。

前出のひとみさんが、こんなふうに話していました。

「フランス人は、どんなことにも意見の違いはあって当然と考えているので、反対意見があっても一旦は受け入れ、それについて議論します。お互いに論破し、説得することを目指すために、熱が入ることもしばしばです。でも、フランス人は、**激論の後も、一緒にコーヒーが飲める切り替えの早さ**を持っているのです」

反対意見はあって当然。**反対意見を持つこと＝対立ではない**のです。あくまでそれは、個の意見の表明。たとえ反対意見を持っていても、それも含めて個として寛容に受け入れる。そのための会話なのです。フランス人が大切にしてきた、そんな良さが再認識され、不安な状況を乗り越えて、テラスでワイン片手に友人たちと会話を楽しむ環境が永遠に続くことを、心から願わずにはいられません。

親友はたった2、3人でいいのです

フランス人は、相手の呼び方に「*Vous*（ヴ＝あなた）」か「*Tu*（チュ＝君）」があることはすでにお話ししましたが、友だちに関しても区別があります。それは、「***Ami/Amie*（親友）**」と「***Copain/Copine*（友人）**」です。

親友「アミ」は、片手以内（5本指）に収まるくらい、という諺があるそうです。選りすぐった友だち（親友）で、長い間にわたって深く築かれた関係。信頼で結ばれ、お互いに分かち合うことが基盤にあります。「アミ」に再会した時は、しばらく会っていなくても、まるで前日にも会っていたかのような親近感がすぐ戻ってきます。多感な思春期を一緒に過ごした中学校、高校ぐらいから付き合いが始まって20〜30年と親交を続けていく友だちが多いようで、人数で言えば2、3人、多くて5人だそうです。

一方、「コパン（女性の場合はコピンヌ）」は、ご近所さんだったり、子供の学校の父兄仲間であったり、もっと浅い付き合いの友だちです。何かの活動を共にしたり、一緒に外出したり、遊んだりと、状況に応じて付き合う相手と言えるでしょうか。仕事で知り合った仲間も「コパン」です。

「コパン」は、「アミ」と比べれば、概して浅い付き合いの友人ですが、長い付き合いによってお互いに深く知り合い、本当に助け合う存在になったら、情が深くなり、「アミ」にアップグレードされることもあるそうです。ただし、年配の方たちの中には、頑なにそのポジション（＝呼び名）を変えない人も多いようです。

また、知り合って間もないから「コパン」だなと思っても、要注意！　異性の友人を「コパン」・「コピンヌ」と呼ぶと、ボーイフレンド（彼氏）、ガールフレンド（彼女）を意味しますよ。

それはともかく、この区分けは、どちらが大切な存在かという、友だちとしての重要度を示すものではありません。どちらも人生には大切な、必要な友だちなのです。

また、本当に困った時には、「アミ」や「コパン」の垣根はなくなります。そこは、フランス人の寛容さ、博愛精神が発揮されます。フランス人は気難しそうに思われがちですが、「コパン」から「アミ」に変わると情が濃くなりますし、決して友人を見捨てません。困っている時には、そこまでやってくれるの？と驚くくらいに手を差しのべてくれるのです。私自身、この「**噛めば噛むほど味が出る**」**深い人間関係**に助けられたのは、一度や二度のことではありません。

個人的な経験から、あえて極論すれば、ふだんは干渉しないけれど、いざ困った時に一番親身に世話をしてくれるのが、フランス人の友人です。ドイツ人は、どんな時にも一線を引いて付き合います。日本人は、相手が困ったと知るや否や、すーっと引いていくような気がします。日本では、学校や会社での人間関係に悩む人も多いようです。でも、ドライなように見えて、いざとなったら全力で相手を助けるという、非常に人間くさいフランス人の人間関係に学べるところがあるのではないでしょうか。

日本人からすると、そもそも「ヴ」とか「チュ」とか、「アミ」とか「コパン」と呼び分けるなんて、酷な線引きをしているように感じてしまいます。でも、考えてみれば、呼び方が異なることで、**相手との距離感が自動的に計られます**から、付き合い方を誤ることもありません。とても合理的です。

実は私も、どこまでが「コパン」で、どこから「アミ」になるのか、その使い分けを厳密に理解しているとは言えません。しかし、どんな状況でも頼りになり、困った時には相談できて、客観的な意見も求められる友人とは自分にとって誰なのか。それを考える時、この「アミ」と「コパン」の区分けは参考になります。

現代は、SNSを通して、場合によっては何百人、何千人もとバーチャルなお友だち関係を築いている人もいます。もちろん、そうした関係を決して否定しませんし、そういう付き合いも現代社会では大切です。**自分にとって、「アミ」は何人いるのか、一番心地いい人間関係はどんなものなのか**、一度考えてみるのもいいのではないでしょうか。

人間関係を円滑にする、セラヴィの交際術

ヒッチコック監督の映画『知りすぎていた男』の主題歌で、主演女優で歌手のドリス・デイが歌った『ケセラセラ』という歌があります。もとはフランス語ではなくスペイン語だそうですが、「なるようにしかならないさ」という考え方はフランスにもあります。

また、別の歌のフレーズに「*C'est la vie*」（セラヴィ＝それが人生さ）という言葉があります。「ケセラセラ」と同じような意味ですが、こちらはフランス語。「人生とはこういうものだから、仕方がない」。つまり、なるようにしかならないので、いくら悩んでも頑張ってもしょうがない、という考え方です。

この「セラヴィ」は、フランス人の人間関係にも反映されています。彼らは客観的、論理的、冷静にものを見つつ、二面性を持ちます。「**来るものは拒まず、去るものは追わず**」**的な人間関係**を保つ人が多いのです。時間を共有している時はコミュニケーションを密にとろうとしますが、同時に、あまり相手に固執しないのです。私自身、あれっ？と思うことが時々あります。

「便りのないのは良い便り」と日本では言いますが、「こんなにご無沙汰してしまったのに、今ごろ連絡するなんて、かえって失礼かしら？」と思うことはありませんか？　でも、フランス人は、元気にしているなら多少放っておいても大丈夫と、ほんとうに思えてしまう人たち。ですから、しばらくのご無沙汰の後、突然連絡をとってもたいしたことではないのです。これも、**束縛しない、されないの合理性**からくるものです。

少し、江戸っ子気質と似ていると言えるのかもしれませんが、相手の空間やスペースを尊重して、むやみに入り込もうとしないところがあります。干渉されたくないのではなく、自分が束縛されたくないから、相手のこともあえて束縛しようとしないのです。

これが、フランス的「寛容」とも言えるでしょう。他者の存在を、あるがままに受け入れるのです。個人主義のフランス人にとって、**恋人や夫婦間ですら、「束縛しない、されない」関係が大事**で、これぞ、「セラヴィ」な人間関係の保ち方です。

親子関係だって、「セラヴィ」です。子供は18歳になれば、大学に進学するにせよ就職するにせよ、独立して家をでて行きます。もちろん、親子関係は続きますが、あくまでも、一人の個人として尊重して、親があまり束縛するような環境は作りません。ドライなように思えますが、決して愛情が薄いからではなく、子供の独立のために必要な過程だと親はわかっているのです。

「セラヴィ」は、個が確立しているからこその、合理性が成せる技。一見、突き放したように見えて、実は人間関係を円滑にする、大人の心得であり上等のテクニックなのではないでしょうか。

「生活の美」
——自分を楽しませる人生哲学

あくせくしないで優雅に過ごす達人になるには

Chapitre 4

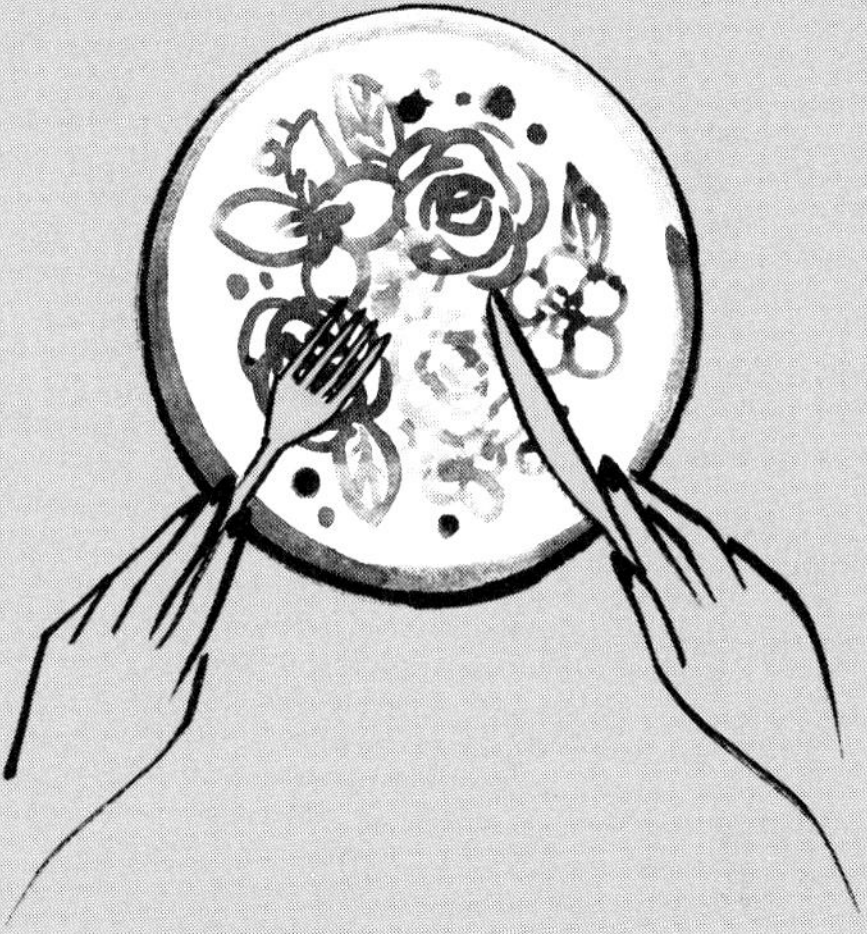

もし、翼を持たずに生まれてきたのなら、
翼を生やすために、どんな障害も乗り越えなさい。

Si vous êtes née sans ailes,
ne faites rien pour les empêcher de pousser.

—— *Coco Chanel*
ココ・シャネル（1883－1971　ファッション・デザイナー）

食は文化。興味を持てば、何かが変わります

日本人に限らず、世界中の人々がフランスに憧れるのは何故でしょう？　いろいろあると思いますが、第一には、フランス人の生き方が優雅に見えるからではないかと、私は思います。フランス人は、仕事と生活のバランスをうまくとってプライベート・ライフを充実させ、人生を楽しむ術を知っています。それは、前章で書いたように、「生活の美」（*Art de vivre*＝アール・ド・ヴィーヴル）として反映されています。**ちょっとした工夫と遊び心で、生活を芸術の域まで、楽しく美しく変えてしまう**のです。その点に関して、フランス人は天才的です。

「アール・ド・ヴィーヴル」と言えば、真っ先に浮かぶのが、食。フランスの魅力は、何と言っても、その食文化の豊かさです。国土の広さのわりに地域性がバラエテ

ィーに富み、その地域特産の野菜やワイン、チーズなど食材と、料理があります。人生を謳歌する方法のひとつが食文化なのです。

フランスの食文化が、2010年にユネスコの無形文化遺産として登録されたことをご存知の方は多いと思います。食事そのもののおいしさや美しさ、食材のすばらしさ、ワインとの組み合わせはもちろんのこと、家族や仲間が一緒に食事をすることなどの慣習や歴史を含めて、登録が認められました。

一国の美食術が無形文化遺産として認められたのは初めてのこと。ちなみに、次いで和食が2013年に登録されたことは、みなさんの記憶に新しいところです。私はその登録の過程で通訳として携わったので経緯を知ることになったのですが、フランスの無形文化遺産登録を大いにお手本としたことは言うまでもありません。自国の食文化に熱い情熱と細やかな愛情を注ぐことにかけては、世界でもフランス人と日本人が抜きん出ているのではないでしょうか。

ところで、フランス人が実践する「美食」の「美」とは何でしょう?

もちろん、フランス名産のフォアグラやトリュフなど高級食材に舌鼓を打つことだけではありません。「ガストロノミ」、つまりは、食材や食事だけでなく、料理そのものの文化的背景も含まれていて、良い素材を使ってリーズナブルに作られた料理を、家族や友人と楽しく食べることが、美食の真髄。健康面、慣習、知恵、歴史に加え、合理性のある食文化の美意識を総括したもの、それが美食の「美」なのです。

食前酒、おつまみ、前菜、主菜、チーズ、デザートが食事の基本コースですが、食事にあうワイン、焼きたてのパン、季節のサラダやスープなども加わります。おいしいものを適量、おいしく食べられる環境で楽しく食卓を囲むのです。それが、「グルメ」（美食家、食通）の基本です。ちなみに、たくさん食べる「グルマン」（食いしん坊）とは、分けて使われます。

フランスの食文化で忘れてはならないのが、地方料理です。プロヴァンス、アルザス、ブルゴーニュなど、バラエティーに富んだ地方独特の料理は奥深く、毎日の食卓に身近な存在として根付いています。私は各地域の家庭料理のレシピを集めていますが、フランス人が持つ自分の住む地域への愛情はとても深いものだと感じています。

そして、マルシェ（市場）。フランスを訪ねたことのある方なら、マルシェに並ぶ食材の豊富さに心躍らされた経験があることと思います。日本にも「道の駅」がありますが、地産地消の精神は見事です。野菜だけでなく、地元産のワインやチーズの種類の多さには圧倒され、それぞれの土地のプライドを感じます。フランスのチーズの種類は、1年の日数（365）より多いと言われているほどなのです。最近は、ビオ

（Ｂｉｏ＝有機農産物や加工品）がブームになり、専門のマルシェもあって、少々高くても、曜日をチェックして足繁く通う人も多いようです。季節の食材を使って、コンフィチュールを手作りしたり、自分でハーブを育てたり、毎日の食生活を楽しむちょっとした工夫が、至るところで見られます。

ちなみに余談ですが、野菜や果物など旬の食材の楽しみ方が、日本とフランスでは少し異なるということを、リヨン郊外にあるミシュランの星付きレストランで修行されていた日本人の方から教えていただいたことがあります。日本では、特に伝統的な会席料理をはじめとして「旬の先取り」が好まれ、「はしり」と言って食材の収穫の始め（まだ値段も高い時）にもよく使われます。一方、フランスではレストランでも、その食材の収穫高が一番多い時、つまり値段も安い時に最も楽しまれるのだそうです。

さて、〝ちょっとした工夫〟と言えば、**テーマを決めたテーブル・コーディネートやサプライズを演出**するのも、フランス人お得意の技です。たとえば、前章でお話したロロンスのパリ16区にあるお宅にうかがった時のことです。

その日、彼女のテーブル・コーディネートのテーマ・カラーは黄緑色とビビットなピンクの組み合わせ。お花だけでなく、ドラジェ（アーモンドを砂糖でコーティングしたお菓子）まで同じ系統のペパーミント・グリーンとベビー・ピンクであわせて敷き詰められ、ドリンクのピンク・シャンパーニュにはエディブル・フラワーのスミレが浮かんでいました。それはもう華やいだ素敵なセッティングで、手作りのお料理がさらに生えたことは言うまでもありません。

色合わせなど、ちょっとした工夫でいいのです。高価な食器を使わなくても、オシャレな食卓を演出することは心地いい素敵なサプライズになり、家族やゲストを楽しませます。それをきっかけに会話も弾みます。何より、みんなの喜ぶ顔を思い浮かべながら**準備する自分が、とても楽しい気分に**なりますよね。そうした食を巡るすべてを含めての〝美食〟であり、生活の楽しみ方なのです。

最近フランスでは、芸術、社会学以外に、科学の観点から料理を解明する「*Gastronomie moléculaire*」（分子美食学）も人気になってきています。さらに、子供の頃から食のことを知ってもらおうとする「**食育**」活動も広がりを見せています。

1990年に、料理評論家のジャン＝リュック・プティルノーとパリのシェフたちが始めたイベント「味覚の日」は、今では政府をも巻き込んだ「***Le semaine du goût***」**（味覚の一週間）**という国をあげてのプロジェクトになっており、その中の「味覚の授業」には、たくさんの子供たちが参加しています。こうして、口にするものは日頃から大切に吟味され、フランスの美食文化は世代を超えて受け継がれ、守られていくのでしょう。

ちなみに、この「味覚の一週間」は2013年から日本でも行われています。多忙で料理にあまり時間をかけられなかったり、残業や子供の塾や習い事のために、家族が揃って食事をとることが難しくなったりしているのが現状だと思います。ウィークデーに毎日家族全員が揃うことのほうが珍しいのかもしれません。そんな場合は、週末だけは必ず、と決めてもいい。季節のいい夏なら、ベランダや外で楽しんでもいいのです。時にはゆっくり時間をかけて、家族で会話を楽しみながら、食事をしてみませんか？　フランスの場合は、話す合間に食べているという錯覚に陥ることもありますが、でも、たとえ反抗期や難しい時期の子どもたちでも、そうやって食卓を囲むことで、自然と話すことや会話にならされていくのです。これも美食、食育になっています。

せっかく和食が無形文化遺産に登録されたのですから、和食を家族団欒のツールとして、アール・ド・ヴィーヴルを実践してみてもいいですね。最近は、味噌などを手作りする人が増えてきましたが、毎日の三度三度の食という最も**身近で重要なところから意識を高めていく**と、必ず何かが変わってくると思います。

そして、食事が終わったら、子供たちに、せめて食器をキッチンに運ぶだけでもお手伝いさせてみてください。それも食育です。フランスではその点もきちんと、特に男の子に、躾けていますよ。

散歩と読書。簡単にできるカラダとココロの気晴らしを

フランス人は、歩くことが大好き。どこの友人宅に行っても、必ず散歩に誘われます。街中、森、小山、小島、軽いハイキングコースなど、場所はさまざまですが、とりわけ森林を好むようです。

秋ともなれば森に入り、キノコ狩りです。「これは食べられる」「食べられない」と、キノコに詳しい友人が専門書片手に教えてくれるほど。フランス人の森好きは、祖先であるガリア人が森林に住んでいたことと無関係ではないのかもしれません。だとしたら、DNAに深く刻み込まれているということですね。

この「森好き」遺伝子は、都会のパリの街中でも発揮されます。街の至るところに

庭園、公園がありますから、暖かくなって少しでも日が差すと、皆こぞって日光浴です。16区にあるブローニュの森には散歩コースがあるほどです。

パリ在住の長いひとみさんも言っていました。

「**散歩や読書など、曜日や時間を決めて習慣的に実践**している人が多く、それが親から子へと引き継がれているのです。高齢者だけでなく、若い世代でもそういう人が多いことに感心してしまいます」。

この散歩と読書は、どうやらセットのようです。前者はフィジカル面、後者はメンタル面を健康に保つためのもので、特に**読書は**「**脳の散歩**」。つまり、気晴らしだとのことです。これも生活の美です。セーヌ河岸に「*Bouquiniste*（ブキニスト）」という、古本を売る緑色の屋台が立ち並んでいるのを見かけた方は多いかと思います。1606年にポン・ヌフという橋が建設された時から、手押し車で古本を売るブキニストが存在していたそう。今では認可を受け、世界遺産としてパリの風物詩になっています。

読書という「脳内散歩」も、フランス人の知的エゴイズムを支えています。実際、私のフランス人の友人の多くが、就寝前に1時間ほど読書する時間をとっています。眠りにつく前に、静寂の中で読書に没頭するのは至福のひとときだとか。ベッドに入ってからもスマホでメールのチェックやインターネットで調べものをする人が多くなりました。

フランスでも電子書籍が普及し、スクリーンをタッチしてページをめくることも増えているようです。たしかに便利です。でも、クラシックに活字が印刷され、インクの臭いがする書物を手にする喜び。そんな文化も失いたくはないですよね。

音楽ではレコード盤が再び注目を集めているように、本の人気も徐々に復活していると聞きます。TPOと気分にあわせて、デジタルとアナログの両方の魅力を取り入れたら、脳内散歩もより一層楽しくなるのではないでしょうか。何事もOld&Newの組み合わせが、最強ですよね。

ダンシャリなんて、とんでもない！

この数年、日本では「ダンシャリ」という言葉がブームになっています。フランスの友人たちに聞いてみたところ、ほとんどの人は、この言葉を知りませんでした。むしろ、返ってきたのは、「なんで捨てるの？」という反応。彼らは、物を捨てることにはとても抵抗があるのです。「捨てるくらいなら買わなきゃよかったのに」とすら、言われたほどです。

ごもっとも。でも、実は私、日本のダンシャリとフランスのミニマリズムは相性がいいと思っているのです。

フランス人女性が少ないアイテム数でいかにステキなコーディネートを楽しむかに

ついての本が人気を呼びましたが、「ミニマリスト」は、何も洋服に限らず、心に余裕を残しながら、最小限のものを持ち、それを大切にする人のことを指す言葉。「節約」や「ケチ」とは違います。なぜなら、価値あるものには投資するから。この「価値あるもの」に「投資する」というところがポイントで、それを「最小限」に所有し、大事にすることが、ミニマリズムの真髄なのです。

私は、フランスからの友人やクライアントが来日する際に観光に同行することが多いのですが、彼らがほとんど買い物をしないことには驚きます。お土産屋さんも見ることは見ますが、まったくと言っていいほど何も買わないのです。ここ数年、外国人観光客の「爆買い」が日本経済に大きく寄与していると言われていますが、フランス人はあまり貢献できていないようです。

ただ、彼らは、すごく価値ある物を見つけた時には、大金を費やすことがあります。かつて、禅の勉強をするグループと多治見に行った時のことです。地元の書道家が、掛け軸に表装した書を虎溪山永保寺の方丈に展示していました。一作品が10万〜20万円はするものです。すると、グループの中の3〜4人が興味を持ち、文字の内容や意味などを真剣に聞いていたのですが、なんと購入を即決してしまったのです。字のバランスや表装の具合も含め、全体の美しさを判断し、特に一点ものというところが気に入ったようでした。

質が良く、美しいもの、何より自分が気に入ったものであれば、そこに独自の価値を見い出す。そこでは、たとえ10円であっても10万円であっても値段は関係なく、「贅沢品」です。**自分にとって価値があり、美しく大切なものには投資を惜しまず、一生大事にする**。それ以外の自分にとってどうでもいいものにはお金を使おうとしない。合理的に物事を考えるフランス人らしいと言えるかもしれません。

京都で高級ホテルに滞在するお客様が、京都駅の中央口か八条口か、どちらから出たほうがタクシー代は安くすむかを細かくチェックする場合がよくありますが、似たような例ですね。自分が納得したものには大枚をはたいても（＝投資）、無駄と思えば1円も払わない。お金の使い方を知っているのです。

もちろん、フランス人にだって、不要なものは出て来ます。近年ではインターネット・オークションに出すこともありますが、多くの場合は、必要としている人に譲ります。決して、捨てたりはしません。

そもそも、家具などは祖父母やそれ以前の代から引き継がれていることも多いのです。家具に限ったことではありません。銀製のカトラリーや、刺繍入りのナプキンはきちんと漂白してアイロンをかけて、代々受け継がれていきます。30年前の母親のドレスを娘が自分らしく着こなしていることも珍しくありません。「物の価値には、その歴史も含まれる」というのは、いかにもフランスらしい発想です。家族を大切にし、古い物に家族の絆と価値を見出す姿勢こそ、フランスのミニマリズムの真骨頂ですね。

でも、これは日本人にとって、特に目新しいことでしょうか。戦後の高度成長期に大量生産型の経済システムになっただけで、さほど長い歴史ではありません。むしろ、その前は、着物は母から娘、そのまた娘へと受け継がれてきました。木綿の着物は古くなったら寝巻きに格下げし、最終的にはおむつや雑巾として使い切っていたのです。今だって、母あるいは祖母から譲り受けたものや、自分の娘に譲りたいと思っているものを持っている方は多いと思います。

日本の禅の思想をベースにしたミニマリズムについて、日本在住のフランス人ドミニック・ローホーが書いた『シンプルに生きる』（日本語訳は幻冬舎）がベストセラーになっていますが、日本の「ダンシャリズム」がフランスを通って逆輸入されたとも言えます。近藤麻理恵さんの片付け術もフランスで人気を呼んでいますが、あれは、「捨てる」という言葉をあまり出さず、「ときめき」をキーワードにしているのがポイントではないかと、私個人は推測しています。

私は、決してダンシャリを否定しているわけではありません。でも、自分にとって本当に価値あるものに投資をすれば、それをずっと使いたくなりますし、次世代や友人に譲りたくなるはず。自分にとって価値あるもの、大切なものは何なのかを判断する目を養う、それも生活の美意識「アール・ドゥ・ヴィーヴル」なのではないでしょうか。トレンドだから、とか、誰かに影響されて浪費をしてしまい、挙句の果てに物が増えすぎて処分する。そんな悪循環にはサヨウナラをして、「捨てるなんて、もったいない！」という物を大切にする考え方を、もう一度噛みしめてみたいですね。

週末は、ふだんとは違うことをしてみましょう

フランスでは、労働時間が制限されたことでプライベートに費やせる時間が増え、特に週末やバカンスをいかに有意義に過ごすかが大切なポイントになったということは、第2章で説明しました。これをフランスでは、「余暇文明（*Civilisation des loisirs*）」と呼んでいます。ところで、みなさんは週末をどんなふうに過ごしていますか？　ショッピングでしょうか？　近年はフランスもグローバル化の波に乗り、パリなど大都市では、週末でも買い物ができるようになりました。でも、いまだに安息日の日曜と祝日は閉まっている店が多く、週末はショッピング、という日本の典型的な発想はそもそもありません。

お店は開いていないけれど、その代わりに土曜日の朝にマルシェ（市場）で食材を

手に入れ、パン屋さんで焼きたてのクロワッサンやバゲットを買って（パン購入は主にパパや夫の役目のようですが）、週末は家族や友人が揃って、ゆったりと食事を楽しむ。それがフランスでは定番の週末の過ごし方です。

もしくは、散歩をする、美術館を訪ねる、映画を観る、オペラやコンサートに行く……。特に、パリの住民は一流の芸術にリーズナブルに触れることができる絶好の環境にありますから、**文化に触れ、美意識を高める**機会がとても身近に根付いている気がします。

たとえば、コンサート。小さなクラシックのコンサートが教会で開かれていることがよくあるのですが、私も何度も足を運びました。教会建築特有の音響効果も手伝ってか、一段と胸に迫ってくるものがあります。私もいつの間にか夢中になってしまいました。

映画も、いわゆるハリウッドのブロックバスター（大作映画）ではなく、小さくても世界中から選りすぐりの作品をかけている劇場がたくさんありますし、料金体系もいろいろ。日本より安いです。

美術館にしてもそうですが、一流のものがすぐそばにあるせいか、アートが日常生活に溶け込んでいて、誰もが普通に楽しんでいるのがフランスです。日本であれば、クラシックのコンサートに行ったり美術館に出かけたりするのは、ちょっと特別な人だと見られがちです。

たしかに、ショッピングにかけてはおそらく世界一恵まれた環境にあると言えるのが、日本です。もちろん、それも楽しいですし、ウィークデーには時間が足りなくて、ゆっくりできないでしょう。でも、時には、その誘惑や習慣から離れて、アートの世界に身を置いてみるという〝文明化〟も、素敵な週末の過ごし方ではないでしょうか。きっと、何か心と体に訴えてくるものがあるはずです。

アートに限らず、**いつもの週末やいつものテリトリーとは違った場所**に出かけてみるだけで、気分がリフレッシュされます。そんな時は、思い切ってメークを変えてみたり、違ったファッションにチャレンジしてみたり、非日常を楽しむのもいいかもしれません。

そう言えば、ふだんはノーメークの女性が、週末に会ったらメークをバッチリ決めていてハッとしたり、パーティーにとてもフェミニンなドレスとメークで登場してドキッとさせられたり。そんな**TPOにあわせたメリハリのつけ方**も、フランスの女性は上手です。

ふだんから、きれいにメークしてブランドもののバッグを携えて出社する日本人と比べると、フランスの若い女性たちはとても質素です。日本人は、日頃から美しくしすぎて、逆にメリハリをつけるのが難しくなっているのかもしれませんね。

街の喧騒から少しでも逃れたいと願うパリっ子が、週末には車で1～2時間のところに所有するセカンドハウスへ向かうように、どこか離れたところに出かけるのもいいですね。郊外にセカンドハウスを持つのは無理でも、電車やバスで小旅行に出かけてみればいいのです。

週末の過ごし方も「アール・ド・ヴィーヴル」の精神で。ふだんとは違ったひと工夫をしてみることで、きっと、心の中にも別の景色が見えて来るのではないでしょうか。楽しくなければ人生じゃない。週末という余暇を文明化して、自分の人生をもっと楽しむ余裕を持ってみましょう。

アリとキリギリス、あなたはどちらの人生哲学を選びますか？

バカンスを長く取り、仕事も効率よく切り上げて、プライベート・ライフを充実させる。フランス人が余暇に全身全霊を傾ける姿勢にも、彼らの哲学が大きく影響しています。

17世紀のフランスの詩人でありモラリストのジャン・ド・ラ・フォンテーヌ（1621～1695年）は、イソップ物語を題材に、『アリとセミ』の詩を書いています（日本では『アリとキリギリス』です）。ご存知のように、これは働き者のアリと、怠け者のキリギリスの話で、キリギリスのように遊んでばかりでは将来困ることになるので、アリのように来るべき危機に備えてコツコツ行動すべきというモラルを説いた寓話です。

けれど、ラ・フォンテーヌはモラリストの中でも快楽主義者であるため、人生の目的を快楽に置き、道徳は快楽を実現するための手段であるという立場を取っています。ですから、『アリとセミ』もそのような帰結になっています。何という卓越した考え方でしょう。私たちが『アリとキリギリス』から得ていた、一見しんどそうな教訓とはちょっと違った、おもしろい考え方です。

これについて、フランス人の友人ベロニックに教えてもらうと、

「ラ・フォンテーヌの寓話の中の快楽主義というのは、人生を謳歌するだけではありません。そのつけとして、将来、冬の時代がやってくるかもしれないということをわかっているのです。でも、だからこそ、その**利那的な情感を踏まえて、夏の時代をより一層楽しもうという考え方**なのです」とのこと。なんだか、はかなさを愛でる日本的な情感とどこか似ているような気がしてきますが。

みなさんは、どちら派でしょうか？　私自身は、完全にセミ（キリギリス）派です。むしろ、そうありたいと願い、楽しむことを第一に暮らしています。アリか、あるいはセミかキリギリスか、はたまた、別な生き物か。たとえや生き方はどうあれ、とにかく自分なりの人生哲学を持つことはとても大事です。

余談ですが、いじめ問題を取り上げた日本のテレビ番組を見たことがあります。いろいろな人がコメントしていた中で、「フランスではどうですか？」と聞かれたフランス育ちの若い女子学生が、こう答えていました。「人に何と言われようと、動じません。『だから、どうなの？　私はそうは思わない』という考え方なので、いじめを受ける環境が成立しにくい」のだそうです。メンタルが強く、自己を持つことで、いじめられない人格形成が子供の頃からできているのかもしれませんね。

哲学というと、何やら難しいことをイメージなさるかもしれません。でも、**自分はこんな風に生きたいという、人生の基盤や指針となる考え方＝哲学を持つことは、それほど難しいことではない**と思います。それは、自分が物事を判断する基準になるし、悩んだり迷ったりした時には、いつでもそこに戻って考えてみることができるベースになります。シンプルなことでいいのです。自分流の哲学を持ってみませんか？

〝寛容〟こそが、知的エゴイズム実践の軸なのです

私は本書で、「知的エゴイズム」について書いてきました。自分を解放して正直になり、自分なりの意見や哲学を持てば、人生が整理されクリアに見えてきて、楽しく、生きやすくなる、という、私なりのオススメです。

友人のエンジニア、ミシェルは、自分なりの「知的エゴイズム」な生き方について、こう言っています。

「自分自身に正直なこと。自分の教養を高めて、地球上で繰り広げられている大事な問題を理解しようとすること。正当に社会貢献できること。人生の楽しみを経験すること。夢を分け合い、伝え合う家族に敬意を表すること」

そして、柔道家の奥様であるアンは、「子供や孫をしっかりと育て、遠くにいる友人たちともいい関係を保ち、文化や芸術、スポーツをより深めることが何よりの喜び」だそう。

何も難しく考えることはありません。「知的エゴイズム」流生き方は、身近なところから実践していけるのです。

仕事を効率よくこなす工夫をしてみたり、最初は短くてもいいからバカンスの予定をたててみる。家族や友人たちとおしゃべりしたり食事をしたりする時間を意識的にとってみたり、公園を散歩したり自然に触れてみたり、本を読んでみたりする。週末には美術館や映画館に出かけてみる。まずは、そんなことから始めてみるのはいかがでしょう。そうしていくうちに、今より自分という個性や、大切にしたいことが見えてくるはず。あとは自信をもって、進んでいくだけです。

そして、自分という個性を発揮していく中で忘れてはならないのが、異なる意見にも耳を傾けて、寛容になること。自分にだけでなく、他者に対しても、自由でいられるスペースを尊重することがポイントなのです。

フランスのトリコロールの国旗はあまりにも有名ですが、あの3色の国旗の青が自由を、白が平等を、赤が博愛という、フランスの人権の基盤を象徴していると言われていることは、みなさん、ご存知ですか？　自由、平等はわかりやすいとして、3つめの博愛こそが、寛容に通じる概念。「知的エゴイズム」の軸であり、個人主義と、単なるワガママや利己主義とを区別する鍵だと私は思っています。

実践できたら、ほんとうにかっこいい「知的エゴイズム」。混沌とした難しい時代、けれど、可能性もたくさんある時代だからこそ、「知的エゴイズム」流生き方を実践して、強く、しなやかに、余裕ある人生を楽しみましょう。

Bonne continuation!（ボン・コンティニュアシオン）。がんばって続けてくださいね、という意味のフランス語です。志を高く、あなたの思いを継続していってください。

そして、一度だけの人生を、思いっきり楽しんでくださいね。

生島あゆみ
Ayumi Ikushima

大阪府出身。甲南大学経営学部卒業後、カナダ・フランス・ドイツに語学と花を学ぶために留学。現在、旅行会社「日本の窓」に勤務し、英、仏の通訳及び通訳案内士（主に個人のVIP向け）の仕事に携わる。日本の文化・歴史（特に食と庭園）を紹介するため、嵯峨御流師範、日本庭園デザイナー、フードコーディネーターの資格を持つ。有名シェフのアテンドや、クラシック音楽関連のテレビ番組でインタビューも担当。ライフワークとして、フランス風花束レッスンを京都で開催。カンヌ映画祭の会場の花装飾にも協力、参加した経験がある。ヨーロッパ（特にフランス）と日本の文化の架け橋となるべく、独自の“おもてなし文化論”を体系化し、講習会やオリジナルツアーを企画・開催中。

ブックデザイン：塙 美奈（ME&MIRACO）

イラスト：Rina Iwai（vision track）

校正：円水社

編集：菅野美津子

フランス人《じん》はバカンスを我慢《がまん》しない
仕事《しごと》も人間関係《にんげんかんけい》もうまくいく、知的《ちてき》エゴイズムのすすめ

2016年12月23日　初版発行

著者
生島あゆみ

発行者
小林圭太

発行所
株式会社 CCCメディアハウス
〒153-8541 東京都目黒区目黒1丁目24番12号
電話　販売 03-5436-5721
　　　編集 03-5436-5735
http://books.cccmh.co.jp

印刷・製本
慶昌堂印刷株式会社

ISBN978-4-484-16229-4